MÉMOIRE

POUR

ÉTABLIR LA COMMUNAUTÉ D'ORIGINE DES MAISONS

DE

Blois, Chastillon et Marconnay.

MÉMOIRE

POUR

ÉTABLIR LA COMMUNAUTÉ D'ORIGINE DES MAISONS

DE

Blois, Chastillon et Marconnay.

Par M. de Saint-Pons,

HOMME DE LETTRES.

PARIS,

DE L'IMPRIMERIE DE POUSSIN,

RUE DE LA TABLETTERIE, N. 9.

1830.

MÉMOIRE

POUR

ÉTABLIR LA COMMUNAUTÉ D'ORIGINE DES MAISONS

DE

Blois, Chastillon et Marconnay.

———————

Une Maison distinguée par huit siècles de services éclatans envers la France sa patrie, la religion de ses pères, et la race toujours régnante, est tombée en quenouille; un nom glorieux, aussi ancien que l'usage salutaire de la patronimie, est à la veille de disparaître des fastes d'une nation essentiellement vouée à l'honneur! Que doit faire la maison convaincue de son identité d'origine avec celle-là, quoique séparée depuis plusieurs siècles, et voilée, en vertu d'anciens usages distinctifs, sous un autre nom, mais revêtue encore de tous les caractères les plus propres à la faire reconnaître? L'honneur, les principes, l'usage commun, le bon sens, les lois même de la civilisation, répondent à la question. L'honneur est solidaire entre tous les descendans de même souche; les principes imposent aux fils l'obligation de préconiser la mémoire et le nom de leurs pères, à plus forte raison celui du patriarche de la famille, qu'il a de tous temps été pieux de sauver de l'oubli; ils sont justifiés par l'usage commun, en Europe surtout: le bon sens dit que le nom du premier et plus ancien ascendant appartient nécessairement et imprescriptiblement à tous ses descendans de mâles en mâles; les lois enfin, fondées sur les principes, veulent que nul ne puisse valablement changer de nom sans lettres du Prince : tous exemples qui pourraient être opposés à ces corollaires d'axiomes inexpugnables ne prouvent rien, s'ils sont postérieurs à la loi, et n'engagent à rien, s'ils sont antérieurs. Or, ces axiomes expliquent et régissent la cause entre madame la duchesse d'Uzès, se prétendant la dernière du nom de Châtillon (sur Marne), et MM. le marquis, les comtes et vicomte de Marconnay (Châtillon), se qualifiant issus de mâles en mâles de même souche que madame la duchesse, seuls habiles à la relever et représenter de nom et d'armes.

1

Tous les égards préalables ont été observés jusqu'à ce jour. Madame la duchesse d'Uzès, héritière de la branche ducale de Châtillon, a été invitée à prendre ou faire prendre connaissance des moyens sûr lesquels MM. de Marconnay se fondent, et à consentir un arbitrage, composé d'experts en la matière, pour la discuter par écrit signé d'eux, ainsi que la production, et du tout faire rapport contradictoire, sur lequel auraient à prononcer, aussi contradictoirement, tels autres arbitres qu'il plaîrait aux parties d'élire, avec faculté de, par eux, nommer un tiers pour départager où besoin serait. Cette dame, tout en reconnaissant, par tradition de ses aïeux, mais sous certaine restriction dont elle est solennellement priée d'établir l'authenticité, le droit acquis à MM. de Marconnay de se dire issus d'un même auteur que celui de sa maison, aurait désiré, sans en dire les motifs, que cette discussion fût ajournée jusqu'à son décès, seul vœu auquel ces messieurs n'ont pu que se refuser, puisque, par cette concession, ils auraient perdu le précieux avantage d'établir contradictoirement avec la seule intéressée leur juste prétention. Ils n'ont pu que lui témoigner leur déférence en perdant une année en démarches conciliatoires, sans aucun résultat soit affirmatif, soit négatif. Avant de recourir à l'intervention des Tribunaux, ils ont cru devoir présenter un sommaire très-circonspect des moyens de leur cause, qui achevât d'éclairer la religion de leur respectable partie, de prémunir le public contre les suggestions de la malignité, et de combler d'autant la mesure des procédés. On verra, par l'exposé ci-après, que la maison de Marconnay trouve en elle-même assez de quoi satisfaire son ambition, pour ne pas en atténuer les avantages en cherchant à surprendre un nom, si beau qu'il pût être, qui ne fût pas le sien, et qu'elle n'est dirigée que par le devoir que toutes les considérations lui imposent.

Les siècles obscurs, qu'il est ici donné de parcourir, exigent quelques observations préalables sur leurs institutions, leurs coutumes et leurs mœurs, dont la différence avec les nôtres est si énorme. Les bouleversemens terribles du cinquième millenaire de l'ère de la création, l'extension du Christianisme, l'ébranlement du colosse romain, les révolutions de l'Asie, avaient créé un nouvel ordre de choses, en faisant concourir, par une merveilleuse simultanéité, les lumières de l'Evangile, les connaissances de l'Orient et les calamités des invasions, à l'œuvre de la civilisation de l'Europe. Des hordes, plus ou moins barbares, la plupart refoulées de l'est vers l'ouest et le nord de cette partie du monde, en avaient fait refluer des peuplades rapaces et belliqueuses vers le centre, et opéré une confusion désorganisatrice de nations, de doctrines, d'usages et de manières d'être; l'ignorance avait étendu son crêpe sur le berceau des sciences et des arts, et arrêté l'essor de leur restauration préparée par Alcuin; au droit romain, aux formules de Marculfe, aux Capitulaires de Charlemagne et autres, s'associèrent des lois lombardes, saliques, bourguignones, saxones, normandes, gothiques, et autres plus particulières. De tout ce chaos surgirent enfin les élémens d'un nouvel ordre social : des trônes avilis furent relevés; à l'arbitraire succéda une politique plus judicieuse; à l'incohérence des ressorts du gouvernement, une classification mieux entendue de ses parties, de ses coopérateurs, et de tous les degrés de ses subordonnés. Le clergé obtint le premier rang, de ses connaissances, de la vénération due à son ministère, et quelquefois du crédit de la naissance ; il raffermit les bases de la civilisation. La noblesse, qui continuait les *Leudes*, occupa le second rang, en vertu de ses services à la cour et aux armées, ainsi que du pouvoir effectif que lui donnait son ascendant parmi la milice , sa primauté dans l'administration civile, et sa faculté de conserver dans ses propriétés inamovibles l'exercice de la justice annexé jadis à leur amovibilité : l'honneur et les sentimens élevés en furent les principaux caractères ; de nouveaux progrès dans la civilisation devinrent, plus tard. le résultat de leur développement. Chacun de ces deux rangs avait sa hiérarchie. Le premier , celle des dignités ecclésiastiques ; le second, celle des pairs de la couronne, de dignités et d'offices du palais ; celles des fonctions de ducs (chefs supérieurs des troupes réparties dans les provinces, ou opposées à l'ennemi) ; des marquis (chargés de la défense de tel ou tel point des frontières) ; de comtes , aussi appelés consuls (administrateurs généraux en justice, police , finances, et même souvent au fait de la guerre) ; de vicomtes (leurs lieutenans ; de vidames et d'avoués (mainteneurs, les uns du temporel des hautes prélatures, les autres, de celui des monastères) : catégorie dont les membres, tous compris sous la dénomination générique de barons, joignaient aux attributions et dotation de ces bénéfices , amovibles comme eux , des propriétés alodiales indépendantes et inamovibles de leur nature, et franches de toute domination, autres que les lois générales et coutumes locales ; celle enfin de qualification de sire (mise avant le nom). de seigneur, de messire, chevalier, varlet ou écuyer, toutes comprises sous la dénomination collec tive de *noble*. — Le troisième rang fut conquis par l'étude et l'industrie, par les sciences, les arts, le commerce, qui vivifient les états, et qui furent son partage ; il fut signalé par la qualification de maître , de citoyen, de bourgeois , de cultivateur, accompagnée des épithètes d'honorable homme , de prud'homme, d'honnête et de discret.

Telle à peu près se présenta l'aurore du millénaire qui s'écoule. Hugues Capet rendit au trône sa dignité, au gouvernement son action, en confirmant et accroissant ; au clergé ses biens et son crédit, en concédant à la noblesse l'hérédité des bénéfices à charge de services militaires, tant ceux dont ses barons étaient déjà nantis, que ceux dont il dut rémunérer ses preux. Ainsi fut consolidé le système féodal que ces premiers vassaux étendirent par de nombreuses inféodations qui, bientôt subdivisées à l'infini, formèrent cette longue chaîne de dépendance mutuelle qu'une autre révolution a brisée de nos jours, et créèrent des armées. Que pouvait faire de mieux ce monarque entouré d'ennemis, dénué d'argent par les pillages des Normands et autres, forcé enfin de céder aux circonstances et de prévenir des troubles intestins ? La France était épuisée ; l'industrie et le commerce nuls ; les arts dans l'enfance. La science, appelée *clergie*, se bornait aux connaissances élémentaires ; quelques manuscrits fort chers tenaient lieu de livres ; les faits, les possessions , l'état civil des familles, n'étaient constatés par aucun acte public ; quelques prêtres et plusieurs moines se chargeaient seuls des écritures, consignées très-imparfaitement dans les annales, les chroniques, les cartulaires , les nécrologes, dont on leur est redevable. Les individus n'étaient, à quelques exceptions près, connus que par des prénoms ; et quand on prit des noms, mesure qui, en France, ne devint générale qu'au XIIIe siècle de notre ère, leur adoption fut arbitraire comme celle des armoiries, et sans relation avec la souche. Les puînés différaient, même encore au XVe siècle, de nom ou d'armoiries, et souvent de l'un et de l'autre avec leurs aînés; et c'est parmi ce chaos qu'il faut découvrir les plus anciens aïeux des maisons illustres. C'est le cas de MM. de Marconnay, ainsi que de Madame la duchesse d'Uzès elle-même. On espère démontrer parfaitement la justice de la réclamation des premiers; et pour y répandre toute la clarté désirable, on a cru devoir traiter séparément chaque genre de preuves, et les subdiviser en trois parties : la première comprendra les preuves testimoniales; la seconde les preuves monumentales, et la troisième le sommaire.

PREMIÈRE PARTIE.

PREUVES TESTIMONIALES.

1. Jean de la Haye, baron des Coulteaux, lieutenant-général du sénéchal de Poitou, auteur recherché de *Mémoires sur l'origine des Poitevins*, qui écrivait vers 1534, s'exprime en ces termes sur la maison de Châtillon-sur-Marne, qu'il juge issue de la 2ᵉ race des comtes de Blois, formée par Thibaut-le-Vieil, auteur commun des comtes de Champagne et de ceux de Blois :
« Cette race a duré jusqu'à ce que Hues de Chastillon, fils puisné du seigneur de Chastillon-
« sur-Marne, gentilhomme champaignois *bien heureux*, en ait espouzé l'héritière, *sœur*, au com-
« mencement, *de beaucoup de frères;* et de cette race sont issus grands personnages, roys d'An-
« gleterre et de Navarre, ducs de Brétaigne, comtes de Champaigne, de Brie, de Chartres,
« de Bloys, de Dunoys, de Sainct-Paul, de Brene et de Briène, et plusieurs conestables et grands
« serviteurs de roys. *Nous en avons encores en nostre Poictou, qui portent le nom et les armes,*
« *mesme le sieur d'Argenton,* etc. » (Souche de la branche ducale.)

2. Jean Bouchet, auteur très-estimé des *Annales d'Aquitaine*, tint si peu de compte de la noblesse de son pays, qu'à la page 367 de l'édition de 1534, la seule où il paraisse s'en occuper, il n'en cite que dix maisons, dont cinq seulement appartiennent au Poitou, et cinq à la Sain-tonge, à l'Angoûmois et au pays d'Aunis; savoir : de Thouars, Parthenay, Vouvent, Luzignan, Montagu, la Roche-sur-Yon, Mauléon, Mareuil, Gençay et les Chabots, abandonnant l'abondant et non moins illustre surplus aux recherches de ses lecteurs; à quoi voulant remédier, son fils et autres éditeurs, de 1545 à 1634, jugèrent convenable d'annexer l'ouvrage du précédent historien, contemporain de l'annaliste, comme supplément dont ils sentaient la nécessité et connaissaient le mérite; circonstance qui implique l'adoption par eux de ses dires.

3. On lit, dans les additions faites en 1618, par Charles d'Argentré, à la 3ᵉ édition de l'histoire de Bertrand son père, grand sénéchal de Rennes, écrivain et jurisconsulte non moins distingué par l'étendue de ses connaissances que par son mérite personnel, page 73, où il parle des évêques de Saint-Brieuc, « Melchior de Marconnay, poictevin, issu des anciens comtes de Blois, évê-
« que, etc. » (Voy, *Preuves monumentales* ci-après.).

4. François-Albert Le Grand, de Morlaix, frère prêcheur du couvent de Rennes, dans sa Vie et Gestes des Saints de la Bretagne armorique et catalogue chronologique et historique des neuf évêchés bretons, dit, dans les éditions de 1637 et 1659 : « Melchior de Marconnay, Poictevin, « issu de la race des comtes de Blois et de Dreux, après que le siége de Saint-Brieuc eût vac- « qué cinq ans et trois mois, fut nommé par le roi très-chrétien, Henri-Quatrième, l'an 1601. Il « était, dès l'année précédente, 1600, abbé commendataire de Saint-Pierre de Rillé, près Fou- « gères, et mourut en 1618. » Il était fils de Pierre de Marconnay, chevalier de l'ordre du Roi, seigneur de Frozes, baron de Coulombiers, premier maître-d'hôtel de la reine Élisabeth d'Au- triche, et depuis de la reine Louise; et de dame Catherine de Soubsmoulins, dame d'atours de la reine Catherine de Médicis.

5, Dans un recueil historique manuscrit des évêques de Saint-Brieuc, existant avant la révo- lution dans les archives de la cathédrale, il est dit : « Messire Melchior de Marconnay, Poitevin « descendu de la race et famille des anciens comtes de Blois, a succédé à l'évêché en 1601 ; et « en mars 1618, a été enseveli dans le chœur de l'église. »

6. Dans un ouvrage imprimé vers le même temps à Rennes, Guy Autret, avocat, dit : « Mel- « chior de Marconnay, issu de la race des comtes de Blois et de Dreux, après que le siége de « Saint-Brieuc eût vacqué cinq ans et trois mois, fut nommé par le roi très-chrestien Henry IV, « l'an 1601. Il était dès l'année précédente, 1600, abbé commendataire de Saint-Pierre de « Rislé, près Fougères. De son temps le couvent des Capucins fut fondé à Saint-Brieuc. Il « fut le cinquante-troisième évêque. » (Vie des Saints de Bretaigne, armorique, ensemble un ample Catalogue chronologique et historique des évêques d'icelle.) En marge on lit : Porte de gueules à trois pals de vair au chef d'or.

7. M. l'abbé d'Etrées, collaborateur de M. Chérin père, avantageusement connu par sa ré- daction de la Généalogie de la Maison de la Roche-Aymon, in-folio, et auteur de quantité d'ou- vrages plus ou moins importans, lors des recherches qu'il fit pour faire reconnaître la maison de Marconnay, comme ayant une origine commune avec celle de Châtillon, disait à MM. de Mar- connay : « J'ai plus de deux cents titres, la plupart tous scellés, qui vous regardent et qui com- « plétent la preuve qu'il vous fallait. » Ces titres ont, depuis, été livrés aux flammes sur la place Vendôme, avec quantité d'autres. Dans un Mémoire peu antérieur à 1786, que le même abbé d'Etrées rédigea, tendant à obtenir de madame la duchesse de Châtillon la communication de ses archives, il appuyait sa demande sur l'identité en origine, armes et haute noblesse de la maison Marconnay avec celle de Châtillon, qu'il démontrait par titres et argumens, dont les plus sail- lans se trouveront sous son nom, parmi les divisions de ce Mémoire, auxquelles ils ap- partiennent.

8. M. l'abbé Berger, généalogiste de la maison de S. A. R. Monseigneur le comte d'Artois, au- jourd'hui le Roi Charles X, dans un Précis de date peu postérieure à 1789, qui avait pour ob- jet de solliciter de S. M. Louis XVI la reprise du nom de Châtillon, ce collaborateur, aussi mo-

deste qu'éclairé, établit avec autant d'érudition que de clarté, les fondemens de la juste prétention de la maison de Marconnay, antiquité remontée par preuves en l'an 1027, et filiation régulière, solidement justifiée depuis 1287; identité constante et parfaite d'armoiries, longue série d'alliances distinguées et de services importans à la cour et aux armées, de concurrence avec les Châtillon ; chose dont, pour éviter les redites, on est forcé de renvoyer les détails à la division qui leur est spécialement consacrée, et qu'on est parvenu à comprendre dans le plus court espace, sans en atténuer la force. Nous croyons cependant qu'il ne sera point superflu de relater ici un extrait d'une Généalogie manuscrite de la maison d'Aloigny, des marquis de Rochefort et de la Groye, laquelle fut communiquée par les abbés d'Etrées et Berger.

« Jacques d'Aloigny (mort à la Chévrière, le 3 septembre 1620), seigneur de la Chévrière.
« écuyer ordinaire du Roi, lieutenant de la compagnie des gens d'armes de Henri de Bourbon, duc
« de Montpensier, fils aîné de François d'Aloigny, seigneur de la Groye, et de Jacquette du Ples-
« sis, épousa Élisabeth de Marconnay-Châtillon, issue en ligne directe et masculine des anciens
« comtes de Châtillon-sur-Marne, d'où sont issus, en la même ligne, les marquis et comtes de
« Châtillon, seigneurs d'Argenton-Château, Boisrogues, la Rambaudière, etc. » (En marge est
écrit : Élisabeth, morte au Pas-de-la-Groye, le 14 janvier 1643, et enterrée, ainsi que son mari,
dans l'église d'Ingrande, près Châtellerault.)

« Ladite Élisabeth de Marconnay descendait par degrés de Pierre de Marconnay, seigneur de
« la Barbelinière (près Châtellerault), qui épousa Prégente du Bois, issue de la maison des Ar-
« pentis, dont il eut, entr'autres enfans, Jacques, Charles et Françoise de Marconnay, qui
« épousa Jean de Sèves, seigneur de Salles, en Auvergne. Ledit Jacques de Marconnay épousa
« Louise de la Jaille, etc., etc. »

9. Madame la duchesse d'Uzès, elle-même, n'a-t-elle pas constamment et depuis long-temps avoué cette communauté d'origine? Qu'elle y ait ajouté des insinuations quelconques, c'est chose qu'elle n'a pu apprendre de ses titres, ni de mémoires de famille écrits ou sanctionnés par ses aieux, ni même de l'historien de sa maison (dont la généalogie fut le premier essai en ce genre), ni enfin d'aucuns écrivains sur la matière. Il suffirait sans contredit à tous *juges impar-tiaux* de cette réplique, et surtout du défi solennellement porté aux instigateurs de madame la duchéssse, de justifier jamais de ces cauteleuses insinuations; mais dans le cas actuel, où la maison de Marconnay a à lutter contre l'obstination, d'une part, et contre la malignité, de l'autre, ce n'est point assez; il faut bien se résoudre à repousser leurs adversaires jusqu'au pied des derniers retranchemens, toujours néanmoins avec les ménagemens qui sont dus et que permet la surabondance de leurs avantages ultérieurs, sans avancer encore au-delà du *strict nécessaire.* C'est dans cet esprit que l'on va réduire au moindre terme possible un premier aperçu, qu'à défaut de toute production régulière de madame la duchesse, on est obligé d'opposer à quelques don-nées résultant du travail de l'historien de sa maison, sur lequel semble fondée sa résistance.

André Duchesne, né en mai 1584, de parens nobles, *établis* depuis quelques générations à l'*Isle-Bouchard*, petite ville de Touraine, à quelques lieues de la tour et forteresse de Marconnay, et dont le territoire était, pour ainsi dire, limitrophe des comtés de Poitou, d'Anjou et de la Marche, où sont éparses les possessions antiques des maisons de Blois, de Chastillon, de S. Pol et de Marconnay, ainsi qu'il sera plus amplement démontré dans la troisième partie de ce Mémoire; Duchesne fit ses humanités au collége de Loudun (à cinq lieues de Marconnay), et son cours de philosophie à Paris, sous le jésuite Jules-César Boulanger, célèbre professeur au collége de Boncourt, et paraît ne s'être fixé dans cette capitale qu'à l'occasion de son mariage avec demoiselle Suzanne Soudain, qui eut lieu en 1608. Après s'être essayé avantageusement, depuis 1602, sur diverses matières de littérature, de géographie, de chronologie, de critique et d'histoire, et s'être fait un nom, dès 1617, par ses vastes conceptions d'une description géographique de la France, et d'une collection des historiens français, il s'adonna aux travaux plus fructueux des généalogies, et débuta, en 1620, par l'histoire de Châtillon-sur-Marne, date (de 1620) dont il importe d'observer la coincidence avec celle à laquelle la branche des seigneurs d'Argenton, depuis ducale, vint, du Poitou, reprendre le rang de ses aieux à la cour, dont elle avait abandonné le séjour depuis 1445, date du mariage de Charles II de Châtillon-Sourvillers avec Catherine de Chabot, qui lui porta en dot plusieurs terres contiguës la plupart à celles de la maison de Marconnay. Non-seulement cet historien y donna, degré par degré et membre par membre d'iceux, tant directs que collatéraux d'un et d'autre sexe, la filiation et l'historique souvent prolixe de chacune des 20 à 25 branches qu'il lui convint d'y rattacher, même quelquefois assez gratuitement; mais encore il y joignit, dans le même ordre, les généalogies particulières des alliances de cette masse déjà surchargée d'individualités. A cette histoire succédèrent, indépendamment de celles de vingt-deux des maisons les plus illustres de la France, celles des maisons de Chasteignier, de la Rochefoucault, de la Trémouille, de Maillé, du Plessis-Richelieu, de Rochechouart, toutes voisines les unes des autres, et aussi voisines de celle de Marconnay, plus ou moins liée de parenté ou d'affinité avec la plupart d'entre elles.

De cet aperçu des travaux généalogiques d'A. Duchesne, il résulte évidemment que personne n'a pu connaître mieux que lui la maison de Marconnay, dont il habita constamment le voisinage très-prochain jusqu'à l'âge de majorité, et dont l'immensité des documens, cités à l'appui du seul travail sur celle de Châtillon, n'a pu que lui révéler l'identité d'origine de l'une et l'autre maison, et présenter, dans les titres de leurs possessions comme dans ceux de leurs alliances respectives, des rapports certains entre les individus et une série bien ordonnée de générations. Comment néanmoins expliquer le silence opiniâtre de cet historien sur la maison de Marconnay, dont le nom seul l'affecte à tel point qu'il ne lui accorde qu'une demi-ligne à la page 495 sur les 1046 pages in-folio de son histoire, à propos de la simple énonciation d'un arrêt de 1309, où sont mentionnés, comme parties intéressées, *Geoffroy* et *Guillaume* de Marconnay, Guy II, seigneur d'Argenton, Jean de Razillé, Hardouin de Beauçay, Guillaume de Messemé et Beaudouin de Piqueny (aliàs Pequigny), arrêt dont, contre son usage, il observe encore de ne pas indiquer l'objet, par les mêmes motifs, peut-être, qui l'ont engagé à retrancher des pièces justificatives de cette histoire, celles des IXᵉ, Xᵉ, XIᵉ et XIIᵉ livres, c'est-à-dire du tiers le plus curieux, puisqu'il embrasse les généalogies des branches, tant réelles que hasardées, et remontées la plupart à des siècles très-voisins de la date d'origine, savoir :

Au IXᵉ livre, de celles des seigneurs de Gandelus, de Dours, de Saint-Hillier, de Souin, de Jonchery, de Bonneuil, remontées avant 1388. —Des vidames de Laonois, des seigneurs de Clacy, de Fère-en-Tardenois, et des vicomtes de Blaigny, remontées à 1324-1330.

Au Xᵉ livre, de celles des seigneurs deNanteuil-la-Fosse, remontées à 1156. — Des seigneurs d'Autresche, châtelains de Bar, remontées à 1180-90.—Celles des postérités vraisemblables de Gervais, en 1156. — de Pierre et Gérard, en 1196. — de Hervé, en 1200. — celles des seigneurs de Tocy et de Baserne, remontées à 1130.

Au XIᵉ livre, de celles des seigneurs de Savigny, de Château-Porcéan et avoués de Rumigny, remontées à 1090. — des seigneurs de Passy en Valois, remontées à 1240.— des seigneurs de Bry-sur-Marne ; *idem* des vicomtes de Saint-Florentin, remontées à 1212.

Au XIIᵉ livre, de celles des seigneurs de Basoches, de Vausserée, de Colonges, de Villescavoir, dit Coquillar ; de Harzillemont, remontées à 1080. —des vidames de Châlons, remontées à 1126. — des seigneurs de Montchablon, remontées avant 1190. — de Maulregny, à 1160. — de la Bove, dit Barat, remontées à 1277. — des anciens comtes de Rhétest (Rhetel), remontées à 1050. — des châtelains de Vitry, remontées à 1186.

Or, dans cet ouvrage où sont fréquemment adoptées des branches entières, et reçus plusieurs degrés importans, sans autre fondement que des inductions dont la conformité plus ou moins exacte d'armoiries, fournit les seules admissibles, la maison de Marconnay est omise par l'homme qui la connnaissait le mieux ; elle, dont l'identité parfaite d'armoiries n'a jamais été contestée depuis cinq à six siècles, ni par aucun des Châtillons (qui, selon Duchesne même, en étaient si jaloux), soit ducs de Bretagne, comtes de Penthièvre et vicomtes de Limoges, soit comtes de Saint-Pol, comtes de Blois et même barons d'Argenton, dont elle était entourée ; ni par la haute noblesse du voisinage, plus susceptible peut-être qu'ailleurs sur l'origine et les insignes des personnages qui prétendaient marcher avec elle sur un pied d'égalité, comme le prouve entre autres la fameuse querelle entre les maisons de Surgères et de Granges (puînée de cette première), au quatorzième siècle : maison dont l'origine commune avec les Châtillons était avouée de tous, et dont les armoiries de puîné étaient sous les yeux de tous ; elle, dont la fortune, constamment morcelée par l'égalité des partages, voulue par la coutume du Mirebalais,

2

n'a jamais troublé le rang. C'est cette branche toujours honorable, toujours honorée, toujours connue dans son pays et autres adjacens, qui est vouée à l'oubli par l'historien des Châtillon-sur-Marne, ici convaincu de l'avoir intimement connue; par Duchesne enfin, dont l'indulgence peu commune envers les Pacy, seigneurs de Bry-sur-Marne, les seigneurs de Montcha-blon, ceux de Maulreny, ceux de la Bove, et plusieurs autres branches, moins disparates, mais non mieux établies, est d'autant plus à remarquer que, dans une partialité aussi révol-tante, il est impossible de méconnaître l'existence d'un mystère générateur de la plupart des erreurs, des omissions, des suppositions, des superfétations qui encombrent ce travail, et de l'apparente légèreté avec laquelle sont traitées, comme principes, les questions les plus graves; d'un mystère enfin dont les motifs, jusqu'ici impénétrés, ne sont pourtant pas impénétrables, mais dont il suffit, pour le présent, d'avoir ici démontré que l'élimination de la maison de Mar-connay en fut l'objet direct et principal. De tout ce qui vient d'être exposé résulte un dilemme aux conséquences duquel ne peut échapper cette histoire, seul point de mire qui s'offre à la discussion. Veut-on que l'auteur n'ait point connu la branche de Marconnay? On ne peut nier désormais qu'il en ait connu le nom et surtout les armes; alors pourquoi ne lui a-t-il pas donné, aussi bien qu'au grand nombre de celles qui viennent d'être signalées, et qui n'y joi-gnaient pas plus qu'elle le nom originaire de Châtillon, une place impérieusement réclamée par l'identité parfaite d'armoiries avec celles des chefs successifs de cette illustre maison, par le lambel caractéristique de la puînesse, et plus encore par le cri d'armes: *Chastillon;* attributs qui l'élevaient, dès le milieu du XIV siècle, au second rang de primogéniture, et qu'on ne trouve point dans la foule des branches dont il a surchargé son travail. — Accorde-t-on qu'il ait connu cette même maison? Il était de son devoir d'en consulter les chefs, de rechercher, de discuter les droits sur lesquels ils fondaient la gestation de cet écu, d'ailleurs toujours incontesté; il ne l'a point fait!! Il a même évité avec le plus grand soin de la nommer!! Donc il perd tout crédit; il y a dé-ception et fraude.

Après avoir fait la part de la critique, c'est un devoir de faire celle de l'équité. — Duchesne, marié à 25 ans, était âgé de 35 lors de la publication de cette gigantesque généalogie. Jusque-là il ne s'était occupé que de travaux étrangers à cette nouvelle carrière; jaloux de n'y entrer qu'avec un éclat, digne de ses premiers succès, il dût se vouer d'abord à l'étude pénible des connaissances préalables, consulter force auteurs anciens et modernes, généraux et particuliers, tant imprimés que manuscrits; patienter avec les chroniqueurs et les annalistes; comparer cette foule d'écrivains; compulser, indépendamment des archives plus ou moins éparses des Châ-tillons, de leurs 25 à 30 branches, et de leurs incalculables alliances prises ou données sur les territoires des Marches du Poitou, d'Anjou, de Touraine, Saintonge, du Maine, du Dunois, du Pays-Chartrain, de l'Isle-de-France, de Picardie, de Champagne et de Brie; de l'est à l'ouest, et du midi au nord: celles des nombreux monastères où reposaient les chartes, les cartulaires, les nécrologes, etc., qui seuls répandent quelque lumière sur les périodes obscures des deux siècles qui précédèrent et suivirent le millénaire actuel, et qu'il avait à parcourir ; en visiter les monumens ; comparer, vérifier, relever ces infinis résultats ; discerner, parmi quantité de familles, les homonymes portant ou ne portant pas les mêmes armes ; accomplir enfin un travail auquel sa vie entière n'eût pas suffi, dont ses affaires particulières et les soins dus à sa famille n'auraient pu supporter le poids, et dont la régularité ne lui aurait pas permis d'ignorer l'origine et l'existence des maisons de Blois, de Chastillon, de Saint-Pol, répandues autour des possessions de la maison de Marconnay. avec les Piqueny (*aliàs* Péquigny), les Coucy, les Ponthieu, les Moucy, etc., etc. ; maisons dont les homonymes se retrouvent, aux mêmes dates, (1) *Moou c-* en Picardie, et dans ces mêmes contrées, et dont l'émigration, qui paraît se rapporter aux guerres de Hugues Capet et de ses aieux (contre les Normands et les Saxons d'une part, et contre les Aquitains de l'autre), lui auraient présenté des lumières sur une des époques les plus obscures de notre histoire. Or, un plan aussi vaste n'a pu être exécuté par un seul homme. Duchesne aura eu nécessairement des correspondans, des collaborateurs plus ou moins éclairés, plus ou moins systématiques, plus ou moins exacts et plus ou moins séduits par des considérations quelconques ; de ces pièces de rapport il aura composé son histoire, ouvrage de marquetterie, dont le commun des lecteurs, et peut-être lui-même, auront été éblouis, mais qui atteignit son but, de capter les suffrages de ceux dont il a joint les fastes à ceux de Châtillon, et de la confiante multitude, et dont le succès lui permit d'être plus méthodique, plus conséquent et plus resserré dans les travaux de ce genre, qui depuis légitimèrent sa réputation héraldique, et le placèrent au rang des coryphées du temps, parmi les historiens des lieux et des familles. D'ailleurs, la dédicace qu'il fit de son travail à messire Gilles de Châtillon, baron d'Argenton, conseiller du roi en ses conseils d'état et privé, et gentilhomme ordinaire de sa chambre (par qui la branche d'Argenton, devenue l'aînée, fut attirée à la cour et bientôt rappelée à son antique splendeur), a vraisemblablement obligé Duchesne à des déférences, à des précautions, peut-être même à une sorte d'asservissement résultant de la crainte de mécontenter un patron aussi accrédité, et surtout de l'impossibilité de supporter gratuitement les frais énormes d'une entreprise aussi vaste : toutes ces considérations ont pu et même dû gêner ses explorations et motiver ses nombreuses réticences.

10. Une tradition immémoriale et constante, non celle de famille (dont, suivant l'axiome général, le témoignage ne peut valoir dans sa propre cause), mais celle de ses pairs, de la principale noblesse des contrées circonvoisines des propriétés de la maison de Marconnay ; d'une noblesse essentiellement rivale de ses égaux, et toujours disposée à résister aux tentatives de tout intrus et même à contester les preuves de ceux qui sont fondés à réclamer le droit d'être admis dans ses rangs : tradition qui a suffi, pendant les siècles brillans de la chevalerie, jusqu'au règne de saint Louis, et même beaucoup plus tard, dans les tournois, à Rhodes, à Malte et autres ordres chevaleresques, dans la plupart des chapitres de l'Europe, dans l'exercice des charges et emplois distingués de la cour, et à laquelle on ne peut comparer la preuve d'enquête par témoins, qui

fut légale jusqu'à la date de son abrogation, par l'ordonnance de 1667, et qui depuis est restée irré-cusable; quoique, dans ces enquêtes, les témoins fussent administrés par le requérant, et nécessaire-ment favorables à sa cause ; quoique la contre-enquête ne se composât guère que de témoins sans autre intérêt que celui de se conserver la bienveillance, l'estime et l'amitié des personnages plus ou moins accrédités qui, le lendemain, auraient pu leur rendre la pareille.

11. Il est enfin un témoignage plus respectable encore, plus précieux et non moins fondé : c'est celui de S. M. Louis XVIII, dont les profondes connaissances en toutes matières, et par-ticulièrement à l'égard des anciennes maisons de son royaume, mettent le comble au mérite de cette preuve testimoniale. En 1786, lorsque le marquis, la marquise, le comte et la comtesse de Marconnay furent présentés au roi Louis XVI et à la famille royale, et admis, sur preuves, aux honneurs de la cour, Monsieur, Frère de S. M., depuis roi Louis XVIII, auquel ils furent annoncés sous le nom de Marconnay, et qui les avait accueillis avec intérêt, se laissant aller à ce sentiment, dit à haute voix : « Pourquoi donc ces messieurs ne reprennent-ils pas leur nom « primitif de Châtillon ? personne aujourd'hui ne peut le leur contester. » — A Londres, en 1808, lorsque ce même prince, devenu monarque, attendait encore du ciel et du réveil du peuple français l'exercice de ses droits à la couronne, le comte de Marconnay-Mornay, cousin germain des précédens, émigré à la suite de S. M., eut à faire administrer le baptême à mademoiselle Émilie, sa fille: le parrain était M. le duc de Sérent; ce seigneur, honoré de l'intimité du Roi, lui fit part de cette circonstance, et lui demanda, au nom du père, l'autorisation de donner à l'enfant le nom de Châtillon; le Roi répondit : « Dites au comte de Marconnay que, dans la po-« sition où je me trouve, je ne puis accorder ni refuser ce qu'il me demande ; mais que s'il re-« prend ce nom, il fera bien, sachant combien il en a le droit. » D'après cet assentiment, ma-demoiselle de Marconnay fut baptisée et enregistrée sous le nom de Châtillon.

DEUXIÈME PARTIE.

PREUVES MONUMENTALES.

Les monumens sont partie essentielle et souvent prépondérante des preuves héraldiques ; ils relèvent l'importance des familles : témoignage de l'assentiment d'une série de siècles égale à celle de leur durée, ils parlent mieux aux critiques et plus long-temps que les actes, par leur forme, par leur structure, par leur assiette et par leur matière ; ils suppléent au besoin, à l'absence ou au silence des titres, et leur publicité garantit et décore, dans le même cas, la commune renommée d'antiquité et d'illustration des familles, d'une manière plus éclatante que des actes de personnes à personnes, qui, presque toujours étrangers à l'exploration de leurs degrés de noblesse, sont d'ailleurs circonscrits dans l'étude d'un notaire, dans l'enceinte du lieu de leur passation et dans la période de leur stipulation. Ces monumens consistent en fondations d'édifices pieux, d'établissemens charitables, de constructions destinées à la défense, soit de l'état du suzerain. soit des propriétés du seigneur et de ses vassaux, et en récompenses publiques de services mémorables. Dans les églises, les chapelles et les cimetières privés, la piété offrait à toutes dates des cénotaphes, des tombeaux plus ou moins élevés, des dales tumulaires chargées d'épitaphes, d'inscriptions et d'emblêmes qui attestaient la qualité et le mérite des individus gisans, leur issue et leurs armoiries, que l'on retrouvait encore sculptées aux clés des voûtes, gravées sur les cloches, peintes aux litres ou ceintures funèbres, soit intérieures, soit extérieures, aux vitraux, aux tableaux votifs ou donnés, enfin brodées aux paremens, ornemens, vêtemens des autels ; dans les établissemens charitables, les prérogatives réservées ou déférées au fondateur et à ses descendans ; établissaient une série authentique et publique de degrés : les décorations intérieures présentaient ordinairement le portrait de ce bienfaiteur, chargé de ses armoiries, aussi peintes et accompagnées de la table d'airain ou d'autre matière, où était consacrée la mémoire du bienfait. Ces armoiries, encore sculptées sur le fronton de la porte d'entrée, recommandaient à la vénération publique la famille à qui était due cette association trop rare des trophées de la gloire mondaine avec ceux de l'humilité chrétienne. Dans les forteresses, châteaux, hôtels et manoirs, on voyait encore les armoiries sculptées au-dessus de la porte principale, et coloriées sur les portraits de famille, sur d'antiques bannières, sur de vieilles tapisseries; gravées sur la vaisselle, sur quelques anciennes armes, et sur les sceaux dont la noblesse munissait ses actes, et dont l'usage, aujourd'hui prostitué, n'appartint qu'à elle jusqu'au XVIIe siècle, et n'avait été accordée qu'aux chevaliers hauts barons et princes, depuis l'institution des armoiries jusqu'au XVe siècle de notre millénaire exclusivement.

Or, les armoiries de la maison dite aujourd'hui de Marconnay, sont : de gueules à trois pals de vair, au chef d'or, c'est-à-dire parfaitement les mêmes que celles des anciens comtes de Blois et de la maison de Châtillon, dite sur Marne ; les uns et les autres les ont portées constamment et sans altération depuis le commencement du XIIIe siècle, date de la généralisation et de la fixité de ce caractéristique distinctif des familles nobles homonymes, établi par la transmission héréditaire des symboles individuels et temporaires, dont quelques-unes des plus puissantes paraient à peine leur écu vers le commencement du siècle précédent. Les exceptions que semblent établir, chez l'une et chez l'autre, les mêmes pièces dont le chef fut chargé diversement, à diverses époques, ne sont que les indices de leur rang dans l'ordre de primogéniture, nommées brisures, parmi lesquelles le lambel était spécialement celui de secundo-géniture, et il n'est point de maisons qui aient mieux observé cette précieuse distinction, qui variait avec l'ordre des lignées, par leur création et leur extinction successives. — Duchesne, lui-même, a soigneusement coté ces particularités, pages 5 et 4, non chiffrées, de son préambule intitulé : *Des Armes de la maison de Chastillon,* qu'il a fait précéder, à la page en regard de la première, d'une gravure de l'écu primitif de cette maison, qui est de Châtillon, sans nulle brisure ; *supports* : deux lions ; *timbre* : un casque taré de face, grillé et orné de ses lambrequins ; *cimier* : un dragon issant, surmonté du cri d'armes, *Chastillon.* Nous croyons ne pouvoir nous dispenser de rapporter au moins sommairement ses propres expressions, dont les aveux ont bien leur prix.

« Il faut donc avouer que l'escu de gueules à trois pals de vair, au chef d'or, sont les vrayes « et primitives armes de la maison de Chastillon, et que les seigneurs de ce lieu les ont possédées « de toute antiquité. » Puis continuant, il ajoute : « Au reste, tous ceux de la famille de Chas-« tillon ont estimé telles armes si nobles, et les ont chéries avec tant d'affection que, d'un « grand nombre de rameaux qu'elle a produits, il ne s'est guères trouvé que celui de Charles « de Blois qui les ait quittées pour prendre les hermines de la duchesse de Bretagne, sa femme, « encor que beaucoup d'autres ont pareillement espousé de très-illustres et très-riches héritières, « comme les comtesses de Saint-Pol, etc., et ceux mesmes qui ont pris les *surnoms de leurs* « *partages,* ou bien des terres de leurs femmes, suivant l'usage des premiers temps, les ont tou-« jours constamment retenues, avec cette distinction, néanmoins, que les puisnez ont adjousté « sur le clief diverses brisures et différences, les uns les chargeant de lambeaux (lambels) et de « fleurs de lys, autres de coquilles, d'étoiles, de merlettes, et d'autres encor d'aiglettes, lyons « ou léopars, ce qui se recongnoistra clairement par les témoignages rapportez ci-après ». — Suivent en deux pages et demie les noms et les armes de ces diverses branches et rameaux, extraits de six anciens manuscrits, et partout nulle mention de la branche antique de Marcon-

nay, dont de toutes parts les insignes, toujours incontestés par les Châtillons les plus puissans, leurs voisins, lui crevaient les yeux. Quelle affectation! de qui fait-elle le procès? Voyons.

La maison de Marconnay, depuis qu'elle porte ce nom, prouve avoir possédé en Poitou .
Saintonge, Anjou, Berry, Touraine et Bourbonnais, plus de cent terres et seigneuries dont il serait
fastidieux et plus qu'inutile de publier la nomenclature; on ne s'attend point sans doute qu'elle
cite encore davantage le nombre nécessairement plus considérable de monumens à elle propres
qu'elle y a découverts; il suffira d'observer que plusieurs des tombeaux du cimetière de cette
maison sont incontestablement de date antérieure au XIIIᵉ siècle, et justifiés leur appartenir
tant par les armoiries que par les caractères et les attributs caractéristiques de leur qualité; que
la plupart des chartes et titres de fondations pieuses et charitables existent en bon lieu, en bonne
forme et même munis de leur sceau, lesquels réunis à ceux d'autres pièces de divers temps, en
établissent une série qui remonte de la fin du XVIIIᵉ siècle au commencement du XIIIᵉ, dont .
pour ne point encourir le reproche de sacrifier trop à la nécessité d'abréger, en généralisant des
preuves par des assertions sommaires, on va présenter un échantillon. Il serait oiseux, sans doute,
de peser ici sur le haut degré de confiance et d'importance accordées à ces garanties long-temps
uniques de l'authenticité des actes quelconques substitués à la versatilité rebutante des symboles,
et à la complication bizarre des monogrammes, et suivis des signatures qui de nos jours en sont
encore accompagnées en quantité de cas. — Chacun sait combien les armes furent révérées,
combien était sévère le châtiment de tous abus et usurpations à cet égard. L'histoire en fournit un
exemple fameux en la condamnation de Robert d'Artois, prince du sang, comte de Beaumont-
le-Roger, pair de France, en 1331. C'est sous cette garantie, démontrée la plus sacrée de toutes.
que va être complétée avec plus de suite la preuve monumentale des droits de la maison de Marconnay à la réintégration dans l'origine commune avec la maison de Châtillon. Elle possède
dès à présent :

1° Sous la date de 1273, une vente faite en décembre, à l'abbé et couvent de Saint-Michel-
en-l'Herm, par des particuliers, d'hébergemens et courtillages qu'ils possédaient au château de
Luçon, dont était seigneur Renaud de Marconnay, valet, du fief duquel relevaient lesdits héritages, à charge, par l'abbaye, de dix sous de cens envers ledit seigneur, et de cinq sous envers
Guillaume de Saint-Pol; l'acte fut scellé des sceaux du sénéchal du Roi, en Poitou, et de celui
de Renaud de Marconnay, seigneur dudit lieu de Luçon (sceaux perdus);

2° Sous la date de 1292, un codicile de Guillaume de Marconnay, chevalier, seigneur du Verger
de Marconnay, Mornay et Châteauneuf; codicile scellé aux armes dudit chevalier et à celles du seigneur de Mirebeau (sceaux perdus).

3° Sous la date du 16 juillet 1338, une quittance de gages militaires, donnée à Miremande,
par Guillaume de Marconnay, écuyer (fils du Guillaume précédent), à Renaud Croullebois, et
scellée de son sceau, qui est aux armes de Blois ou Châtillon, le chef chargé de trois merlettes.

4° Sous la date du 12 septembre 1369, une quittance de même nature, donnée à Bourges, par

Estelle de Marconnay, écuyer, scellée de son sceau aux armes de Blois ou Châtillon ; le chef chargé d'un lambel à trois pendans.

5° Sous la date du 22 novembre 1375, une quittance, aussi de gages militaires, donnée à Saint-Junien, par Renaud de Marconnay, écuyer, scellée de son sceau, qui est aux armes de Blois ou Châtillon, le chef chargé d'un lambel à cinq pendans, le tout de la plus belle conservation, et, qui plus est, l'écu sommé du cri de guerre, *Chastillon* sur un liston interrompu par une lacune accidentelle de trois ou quatre lettres au plus, qu'on est forcé de supposer TIL ou STIL, et présente à senestre LON et à dextre les lettres HA, précédées d'une lettre tombée qui ne peut être qu'un C ; ce qui laisse d'autant moins de doute, que l'écu est bien celui de Chastillon, et que le cri de guerre fut de tout temps la partie des armes la moins usurpée.

6° Sous diverses dates du 15ᵉ siècle, des quittances de gages militaires de divers seigneurs de Marconnay, en bon nombre, scellées sur queues de parchemin, aux armes de Blois ou Châtillon, le chef chargé du lambel à trois pendans.

7°. Sous diverses dates du 16ᵉ siècle, quantité de quittances de gages militaires et d'emplois distingués à la cour, dont tous les sceaux sont en placard, aux armes de Blois ou Châtillon, le chef chargé d'un lambel à trois pendans, lesquelles furent données par divers seigneurs de Marconnay, chevaliers de l'ordre du Roi, capitaines d'hommes d'armes de ses ordonnances, conseillers de S. M., chambellans, premiers maîtres d'hôtel, premiers écuyers, gentilshommes ordinaires de S. M., capitaines-gouverneurs de places, etc., qui souvent même concouraient, dans leurs services, avec les seigneurs de Châtillon.

8° et 9°. Sous diverses dates des 17ᵉ et 18ᵉ siècles, une longue série de cachets aux mêmes armes que les sceaux des 15ᵉ et 17ᵉ siècles, parmi lesquels il s'en rencontre peu avec le lambel. Dans cette catégorie doit être compris l'écu de Châtillon ou Blois, gravé en tête du Rituel donné et publié, en 1606, par Melchior de Marconnay, évêque de Saint-Brieuc, pour l'usage de son diocèse.

Les sources d'où émanent ces pièces sont parfaitement à l'abri de toute suspicion. C'est ici le lieu de parler des armes de Guicheux de Marconnay, écuyer, peintes sur les vitraux du côté gauche du maître-autel de l'église des Cordeliers de Poitiers, parmi celles des chevaliers et écuyers tués à la célèbre bataille de Maupertuis, dite aussi de Poitiers, le lundi 19 septembre 1356, armoiries qui sont encore celles de Blois ou Châtillon.

Et voilà les *Marconnay* dont Duchesne et ses Mémoires ont affecté d'omettre, non-seulement les armes, mais encore jusqu'au nom, dans l'histoire de la maison de Châtillon.

TROISIÈME PARTIE.

Sommaire.

L'OBJET de la troisième division est de rattacher ce qui pourrait sembler incohérent dans les deux précédentes; de particulariser ce qui pourrait paraître trop général, et de prévenir jusqu'aux moindres doutes sur le droit acquis à MM. de Marconnay, de se dire issus de même sang que la maison de Châtillon, dont ils justifient avoir porté les armes depuis environ cinq siècles et plus, et même le cri de guerre (en 1375), sans autre distinction que le lambel caractéristique de la puînesse.

De cette disposition résulte le besoin d'offrir préalablement un aperçu des contrées où se sont opérés les développemens d'une de ces races, dont l'antiquité remonte à l'âge de la dynastie régnante, et dont les ramifications peuvent échapper aux recherches les plus assidues, par une conséquence nécessaire de la pénurie des documens et du système de patronimie adopté dans ces siècles obscurs. Là fut le théâtre des événemens auxquels ces descendans durent participer, à cause de leur position sociale ou des exigences du régime féodal; là furent leurs possessions, leurs alliances, leurs intérêts; foyers précieux d'où jaillissent fréquemment des lumières importantes.

On n'ajoutera rien à la circonscription de ces contrées, qui a été tracée dans les sections précédentes; mais il importe d'observer qu'elle était enveloppée par divers princes soumis, vers l'est, à l'influence des ducs de Bourgogne, de race capétienne; au sud, par la majeure partie des états des ducs d'Aquitaine; à l'ouest, par ceux des ducs de Bretagne et partie de ceux de Normandie; au nord, par ceux qu'occupèrent Robert-le-Fort et ses descendans. De là résultent autant de frontières nommées *Marches*, dont la définition a pareillement été donnée dans la première section, page 3; mais sans ajouter qu'elles étaient défendues, de part et d'autre, de distance en distance, par plus ou moins de forteresses ou châteaux-forts à double-fossé, tours et murs de circonvallation et donjons souvent carrés, qui formaient le cordon.

Il est fâcheux, mais sans remède, qu'il soit encore plus difficile de bien connaître les lois ou coutumes qui régissaient telle ou telle contrée, pendant les deux ou trois premiers siècles qu'il s'agit de parcourir, puisqu'il en résulterait d'autres données également précieuses pour les filiations. Le droit romain y entrait sans doute pour quelque chose, mais non sans beaucoup de concessions aux usages celtiques, francs, normands, goths, danois, saxons, et autres, ou exigées par les localités. Les Capitulaires de Charlemagne, les formules de Marculfe, quelques fragmens des lois saliques, étaient les seules lois écrites; elles étaient insuffisantes sur la matière; mais toujours il est constant qu'elles étaient nécessairement conçues dans l'esprit du gouvernement féodal, qui se rapporte à cette époque.

Plus tard, au XIIIe siècle, les établissemens de saint Louis donnèrent lieu à la rédaction de ces coutumes non écrites, qui furent depuis encore ratifiées, publiées, imprimées, avec le concours des trois ordres, pendant le laps de temps qui s'écoula de 1518 à 1609; mais ce mode d'amélioration, concourant avec celui de la preuve rigoureusement légale de l'état des parties intéressées, n'offre rien qui ne soit consigné dans les actes, si ce n'est l'importante observation sur la coutume du Mirebalais, qui accordait le partage égal aux enfans dans les successoins paternelle et maternelle.

Au nombre des preux qui, vers la fin du IXᵉ siècle et le commencement du Xᵉ, s'unirent aux travaux héroïques de Robert-le-Fort, successivement comte de Blois et d'Anjou, duc de Bourgogne et marquis de France, pour arracher le royaume à la domination des hordes spoliatrices du Nord, encouragées par les concessions des rois de la dynastie impériale de Charlemagne, et dont les enfans s'attachèrent à ses descendans, l'histoire distingue les comtes de Vermandois, remarquables par leur issue très-prochaine de la race de Charlemagne, et par la haute importance de leurs possessions, et l'auteur connu de la maison de Blois, remarquable par son alliance avec Robert-le-Fort, dont il avait épousé la fille Richilde, par sa valeur et par l'étendue des possessions, attributions et domaines qui en avaient été le prix. De cette souche de la dynastie régnante, une fille porta le comté de Blois dans la maison du compagnon d'armes des fils de Robert, que tout fait présumer originaire des marches d'Anjou et de Poitou. (Voy. les tableaux qui suivent.)

BLOIS (anciens comtes de).

CHASTILLON
de Touraine, etc.

CHASTILLON
de Champagne.

BLOIS
puînés (xiᵉ siècle).

MARCONNAY
(13-5).

HISTORIQUE

DES ÉTATS LIMITROPHES (1).

AQUITAINE.	ANJOU.	CHASTILLON,	CHASTILLON DE TOURAINE,
		SELON A. DUCHESNE,	D'ANJOU, DES MARCHES DE POITOU, DU BLAISOIS, ET DES CONTRÉES CIRCONVOISINES.
		Historiographe de cette maison	
Xe SIÈCLE.	Xe SIÈCLE.	IXe ET Xe SIÈCLES.	CASTELLONE, CASTILLIONE, CASTILIONE, CASTILLONO, CASTELLONE, CHASTELLONO, CASTELLONS, CASTELLÔ. (*Variantes d'orthographe justifiées.*)

(963) Guillaume IV, dit Fier-à-Bras, comte de Poitiers, duc d'Aquitaine, succéda à son père, en 963. Il assiégea, en 974, à la prière d'Hélie, comte de la Marche et de Périgord, le château de Brosses, appartenant à Giraud, vicomte de Limoges. En 984, il fit un accord avec Guerech, comte de Nantes, pour fixer la délimitation de leur territoire respectif. Il eut guerre, en 985, avec le comte d'Anjou. (V. col. Anjou, à Geoffroi Grisegonelle.) En 987, quoiqu'il fût beau-frère de Hugues-Capet, il refusa de le reconnaître pour roi : il en résulta une guerre entre eux, dont l'issue força Guillaume de faire hommage, en 989, de tous ses états à Hugues et à Robert, fils de ce monarque. Il abdiqua, en 993, et se

(938) FOULQUES II, dit le Bon, comte d'Anjou, succéda, en 938, à Foulques Ier, son père, fut pieux et ami des lettres. Il épousa *Gerberge*, *sœur de Thibaud-le-Tricheur, comte de Blois*, etc., vulgairement dit le premier du nom; il en eut, 1° Geofroi Ier, qui suit; 2° Guy d'Anjou, successivement abbé de Cormery et de Villeloin en Touraine, de Ferrières en Gâtinois et de St.-Aubin d'Angers, enfin, évêque du Puy en Velay, où il fonda, en 993, l'abbaye de Saint-Michel du mont de l'Esguille et celle de Saint-Pierre-de-la-Tour, en la ville du Puy; 3° Dreux (*Drogo*), d'Anjou, fils bienaimé des vieux jours de son père, et successeur *incertain* de son frère en l'évêché du Puy; 4° Adélaïde d'Anjou, femme d'Étienne, comte de Gevaudan; 5° Roscille d'Anjou, femme d'Alain II, comte de Nantes. (*Art de vérifier les dates.*)

(958) GEOFFROI Ier, dit Grisegonelle, comte d'Anjou, succéda en 958, se signala

(880) *Ursus*, comte bénéficiaire en Champagne, vivant en 880, présumé père de : 1° Hérivée, archevêque de Rheims, sacré vers 901, mort en 922 : 2° *Eudes* qui suit :

EUDES (IIe degré. — mort peu après 923), à qui l'archevêque son frère inféoda, dit-on, les seigneuries de Chastillon sur Marne, de Basoches, etc., peu après 901 et sur lequel on ne sait absolument rien depuis 923, pas même son alliance, ni, bien plus, les enfans qui lui sont cependant donnés, sous les noms de : 1° *Hérivée* qui suit. 2° *Ursion*, vivant en 956. 3° *Gauthier* ou *Gauchier*, vivant en 952.

HÉRIVÉE II (IIIe degré.—925 à 949),

Après avoir parfaitement démontré que l'origine champenoise, donnée par A. Duchesne à la maison de Châtillon sur Marne, n'est, de son propre aveu, fondée sur aucune preuve jusque vers la fin du XIIe siècle, il est juste de présenter la série assez nombreuse des Châtillon de Touraine, Anjou et Marches du Poitou, etc., issus de cette même maison de Blois, dont elle porte en effet les armes, et qui appartiennent aux deux siècles dont cet historien a fait une si étrange lacune, et si contraire à l'intérêt de ses cliens, par des suppositions intolérables. Il ne peut exister aucun doute sur la localité qui a donné le nom à cette branche de la maison de Blois; ce ne peut être que Châtillon-sur-Indre, en Touraine, dont les premiers seigneurs, à qui cette place fut concédée, purent le surnom, qu'ils imposèrent comme patronimique à leur postérité. Ce fief était très-considérable; on voit ci-contre que les deux *Thibaud*, qui ont commencé la maison de Blois, chacun aussi riche que puissant, eut, outre un fils aîné, son successeur, et un prélat, *plusieurs enfans non nommés*. Il n'est pas croyable que le second de ces Thibaud, possesseur de six comtés, et de quantité d'alleux, et son père,

(1) L'objet qu'on s'est proposé en donnant ce sommaire historique d'Aquitaine et d'Anjou, a été de mettre en évidence la fâcheuse position des trois maisons de *Blois*, de *Chastillon* et de *Marconnay*, issues des comtes de Blois, rassemblées ou éparses sur les territoires de ces puissances, presque toujours en guerre, depuis le Xe siècle jusque vers la fin du XVe, d'indiquer les vicissitudes de ces territoires et de leurs habitans, soit dominans, soit dominés, et de constater d'autant plus de difficultés qu'on s'opposent aux recherches les pillages, les incendies, les excès en tout genre qui ont signalé cette époque, aux calamités de laquelle il est juste d'ajouter celles de la ligue au XVIe siècle et celles de la fin du XVIIIe. Alors, et jusque au XIIIe siècle, tout possesseur de fief fut nécessairement noble, les qualifications étaient souvent prises et toujours très-modestes, elles appartenaient plus aux dignités qu'aux personnes.

BLOIS (COMTES DE),

BLAIS, BLEIS, BLEO, BLES, BLO, BLODIO, BLODO, BLOI, BLOIO, BLEU, BLUÉ. (*Variantes d'orthographe justifiées.*)

IXe A Xe SIÈCLE.

THIBAUD (*Thetbaldus*) (fin du IXe siècle), comte ou vicomte de Tours, où il jouissait d'une grande autorité; abbé laïc, ou trésorier de l'église de Saint-Martin, où il gît avec son épouse, peut être avoué de l'abbaye de Marmoutier, sur laquelle il exerçait des droits tant utiles qu'honorifiques et même de sépulture conservée par ses descendans encore après que ce comté fut sorti de leurs mains. Il possédait en outre des alleux considérables dans la *Touraine*, les *Marches de Poitou*, l'*Anjou*, le *Pays chartrain*, etc. Il avait épousé, vers le déclin du IXe siècle, Richilde, que les documens antiques et modernes s'accordent à établir fille de Robert-le-Fort, comte d'Anjou, de Tours, de Blois, et marchis de France, et sœur des rois Eudes et Robert II. *De ce mariage vinrent plusieurs enfans*, selon le témoignage unanime des historiens les plus accrédités, *dont cependant aucun n'a recueilli, jusqu'à nos jours, les noms*, autres que ceux des deux mâles ici consignés, *quoiqu'il s'en trouve divers épars çà et là, ou même enfouis dans quelques chroniques* : 1° Thibaud, qui suit : 2° Richard, archevêque de Bourges, élu en 950; décédé le 13 des kalendes de décembre 959, grand thésauriseur, dit frère de Thibaud, et oncle de Hugues, son successeur ci-après : 3° Gerberge, mariée vers 950, à Foulques, dit le Bon, comte d'Anjou, et mère, entre autres enfans, du vaillant comte Geoffroy, dit Grisegonelle. Elle est un exemple, entre mille peut-être, de la négligence ici reprochée aux historiens.

(924) THIBAUD II (vulgairement dit le Ier) (IIe degré), surnommé le Vieil, ou le Tricheur, investi du comté de Tours par le décès de son père, possédait, en 924, le comté de Blois, sans doute du chef de sa mère, puisque cette date suit immédiatement celle de la bataille du 15 juin 923, où fut tué,

BLOIS,

L'objet de cette série n'est autre que de démontrer ce qui est avancé dans la première partie de ce mémoire sur l'existence de quantité de personnages de ce nom, établis et possessionnés dans les contrées soumises à la deuxième dynastie des comtes de Blois, dont ils portaient le nom depuis le Xe siècle, et les armes depuis le XIe siècle, c'est-à-dire, depuis l'institution de ces caractéristiques distinctifs des familles nobles, alors rares jusqu'à la fin du XIVe siècle, dans une période ou l'usurpation était inconnue et même impossible. Ce n'est point une généalogie, ce n'est qu'une série chronologique d'individus revêtus des attributs d'une noblesse à la fois antique et illustre, et premiers élémens plus ou moins immédiats d'une ou de plusieurs branches dont on a eu le bonheur de rassembler quelques fragmens bien coordonnés, et dont il est permis d'espérer une étendue plus considérable et plus méthodique, mais dont il serait impossible de déterminer

MARCONNAY,

MARCONAY, MARCHONNAY, MARCHONAY, MARCAUNAY. (*Variantes d'orthographe justifiées.*)

(1415) La tour et forteresse de *Marconnay*, ainsi dite dans des lettres du roi Charles VI, du 14 novembre 1415, et autres plus anciennes, était, pour l'Anjou et le Poitou, l'une des places qui, dès le IXe siècle, confiées à la garde de preux sur lesquels on pouvait compter le plus, constituaient les *marches* ou frontières de puissance à autre, étaient soumises à un chef commun nommé *Marchis*, et, vers le XIIIe siècle, furent inféodées, comme les autres bénéfices militaires, à leurs possesseurs, qui, devenus ainsi propriétaires immuables, en prirent leur dénomination patronymique, comme on le voit ici d'une branche de la maison de Blois, dont les chefs, et entre autres Eudes Ier, comte de Blois, et *marchis des Marches* de Poitou. Cette place est située à six lieues de Poitiers, à gauche de la route qui conduit à Thouars, et directement sur les Marches de Poitou et d'Anjou. L'ancien donjon, de forme carrée, et jadis flanqué de quatre tours à ses angles, assigne son âge au XIe siècle, par sa construction; il subsiste encore aujourd'hui, quoiqu'il ait beaucoup souffert, tant ses murs ont reçu de solidité par leur épaisseur, qui, à niveau du sol, est d'environ 15 pieds, et contient, dans sa masse, l'escalier qui conduisait aux éta-

---

(1) Le nom de *Marconnay* dérive évidemment des mots *March-on* de l'idiome vieux-saxon, qui en français se traduisent littéralement par les *Morches*. Il est connu qu'une partie du Haut-Poitou et de l'Anjou s'appelait alors *Sassonia*, et que de cette dénomination était né le système qui faisait descendre Robert-le-Fort de Witikind, le héros de la Saxe du temps de Charlemagne.

AQUITAINE.	ANJOU.	CHASTILLON, de Duchesne.	CHASTILLON-DE TOURAINE.

retira à l'abbaye de St.-Maixent, où il mourut l'année suivante. Il avait épousé Emme, fille de Thibaud, dit le Tricheur, comte de Blois, avec laquelle il vécut plusieurs années en mésintelligence, de laquelle il eut néanmoins plusieurs enfans mâles, dont l'histoire n'a nommé que les suivans : 1º Guillaume V, qui suit; 2º Ebles, qui vivait encore en 997.

dans la carrière des armes, et eut guerre, pendant un an, avec Guillaume IV, duc d'Aquitaine, en laquelle il succomba (selon les Poitevins), et fut contraint de rendre hommage pour le *Loudunois*, le *Mirebalais et autres terres qu'il possédait en Poitou;* en laquelle il triompha et retint ces contrées (selon les Angevins et le fragment historique du comte Foulques, dit le Rechin). La bataille qui termina ce différend fut donnée au lieu des Roches. Il mérita d'être investi le premier, vers 978, du grand office de sénéchal héréditaire de France, en récompense des services éclatans qu'il avait rendus au roi Lothaire contre l'empereur Othon. Il mourut le 21 juillet 986, selon la Chronique de Maillezais; 987, selon celle de St.-Aubin d'Angers, où il gît; ou 988, selon celle de Saumur. Il laissa d'Adélaïde de *Vermandois*, fille du comte Robert et de Were, des comtes d'Autun, qu'il avait épousée de 960 à 970, cinq enfans : 1º *Foulques* III, qui suit; 2º *Maurice*, mort en 1012; 3º *Ermengarde* (fille *incertaine*), femme de Conan-le-Tort, comte de Rennes; 4º *Adèle*, mariée à Guillaume Ier, comte d'Ailes; 5º *Gerberge*, femme de Guillaume II, comte d'Angoulême.

que l'on prétend avoir fait édifier à Châtillon une forteresse, et dont la femme et les enfans sont inconnus.

N...... (IVe degré. — 949), anonyme, dont le père, la mère, la femme et les enfans sont inconnus, dont l'existence même ne peut être que mensongère.

Gervais, Miles et *Guy* (Ve degré. — 940 et fin du Xe siècle), présentés comme enfans de l'anonyme et générateurs de deux branches, aussi gratuites que tout ce qui précède.

non moins puissant, soient décédés sans apanager ses puînés omis par l'histoire ; ils auront investi l'un d'eux de ce fief de Châtillon-sur-Indre, qui était sous la mouvance de l'église de Saint-Martin de Tours, à la tête de laquelle était placé Thibaud Ier : cette opinion est sans doute plus admissible que les pitoyables fictions d'A. Duchesne (V. les notes au bas des pages).

N. : . . et Gerberge, son épouse, nommés père et mère du suivant.— Vivans vers 970.

GEOFFROY dit le Poitevin, Gerberge, sa mère, et Indie de Mirebeau, son épouse, contemporains des précédens, firent, vers 1010, don à l'abbaye de St.-Cyprien de Poitiers, d'un alleu qui leur appartenait à Mille (en Touraine), avec tous les droits d'usage à eux dûs dans les dépendances de ladite communauté, et de différentes pièces de terrain, sises en la *ville* de Pouzay (près Nouastres), ou Poizay-le-Joly (distant, l'un d'environ une lieue, et l'autre de douze du bourg de Nouastres), et en celle de Gragnon (près Sauves). A ce don souscrivirent les enfans issus du mariage dudit Geoffroy. 1 Robert, 2 Ganelon, 3 Jordan, 4 Anserne, 5 Hugues, 6 Alexandre, 7 Geoffroi, 8 Aimery, 9 Mathilde.

près de Soissons, le frère de cette princesse, le roi Robert, qui, ainsi que le roi Eudes, son prédécesseur, aussi son frère, et le duc Robert leur père, posséda, successivement, entre autres états, le comté de Blois. Il tenait, en 926 et 936, le comté de Chartres du crédit de Hugues, dit le Grand, son cousin germain, qui avait porté au trône de France Raoul, époux d'Emme, sa sœur. A ces comtés, il ajoutait les importantes seigneuries de *Sancerre* et de *Vierzon* en Berry, échues peut-être du chef de l'archevêque son frère; celle de *Saumur*, place dont il rétablit le château et le monastère dit de Saint-Florent, ruiné par les Normands; celle de *Châteaudun*, qu'il fit bâtir; celle de *Montaigu* en Laonois, et autres qui furent le prix de ses exploits; de plus, les propres de sa maison consistant en possessions tant allodiales que féodales, éparses sur l'étendue aujourd'hui occupée par les départemens de l'Indre, d'Indre-et-Loire, de Loir-et-Cher, et des Deux-Sèvres, et en parties diverses, plus ou moins restreintes par ceux de la Charente-Inférieure, du Cher, d'Eure-et-Loir, du Loiret, de Mayenne-et-Loire, et de la Vienne. A cette masse déjà imposante de propriétés, il unit enfin, du chef de son épouse, les comtés de *Beauvais*, de *Meaux* et de *Provins*. Sa vie fut tumultueuse : petit-fils de Robert-le-Fort, il fut l'un des plus fermes appuis de la cause de ses enfans, et l'un des plus habiles chefs de leur parti, où l'alliance par lui contractée en 943-4 avec *Leutgarde*, l'engagea d'autant plus; cette princesse, veuve de Guillaume dit Longue-Épée, duc de Normandie, étant fille du fameux Herbert II, comte de *Vermandois*, possesseur d'une partie de la Picardie et de la Champagne, et le plus dangereux ennemi de la race de Charlemagne, dont lui-même était issu en ligne masculine. Vers l'an 962, il assigna pour douaire à cette illustre épouse plusieurs des terres *qu'il possédait en Poitou*. Dès 964, les infirmités résultant de l'âge et des fatigues du comte Thibaud, ne lui permettant plus de guerroyer, il acheva dans le repos le surplus de sa carrière; il mourut en 978, et fut inhumé en l'église de Marmoutier, où son épouse, qui lui survécut, gît avec lui.

Du mariage du comte Thibaud *vinrent aussi plusieurs enfans*, dont les *principaux* furent, disent les historiens, 1º *Thibaud* dit *le Jeune*, comte de *Chartres*, qui fit acte de majorité en 960, et fut tué en 962, pendant le siége de cette place, par les Normands, en la défendant par une sortie. On n'en cite *ni femme ni enfans*; 2º *Eudes*, qui suit; 3º *Hugues de Blois*, archevêque de Bourges, qui succéda, en 959, à *Richard* son oncle, et siégea jusqu'en janvier 987; 4º Emme de *Blois*, femme, vers 980, de Guillaume IV, duc de Guienne, comte de Poitou, d'Auvergne, de Saintes, de Limoges, du Velay, etc., mère de plusieurs enfans, et fondatrice de l'abbaye de *Bourgueil* en Vallée, avant le 14 septembre 989, *en lieu que son père lui avait donné en dot avec Chinon*, etc. et dont son mari avait accru, en 991, la dotation que leur fils aîné confirma en 1002-3. Son mari lui avait assigné, *pour douaire, plusieurs terres en Poitou*.

(978) Eudes (Odo) (IIIe degré), comte de *Blois*, de *Chartres*, de *Tours*, de *Sancerre*, de *Beauvais*, de *Meaux* et de *Provins*, seigneur de *Saumur*, de *Vierzon*, de *Coucy* et d'autres terres considérables de Touraine et des

---

(col2) positivement le terme voulu pour arriver à la jonction bien précise des Blois, auteurs certains des Branches, depuis maisons de Châtillon et de Marconnay, dont, jusqu'ici, on n'a pu constater rigoureusement que l'irrécusable identité, déjà soutenue par les manuscrits et imprimés de plusieurs auteurs antérieurs et même contemporains de Duchesne, dont nous croyons avoir suffisamment atténué l'incroyable autorité.

(col3) ges supérieurs et à la plate-forme ; il était entouré d'un fossé, comblé en partie des démolitions résultant des guerres dont ces contrées ont été le théâtre pendant plusieurs siècles, et les éboulemens qui furent l'ouvrage du temps, de la température et de la négligence. Les approches de la cour basse étaient également protégées par un double-fossé, aussi flanqué de quatre grandes tours ; double-fossé dont, vers le commencement du XIVe siècle, les priviléges furent l'objet d'un procès au parlement de Paris, d'un arrêt qui les maintint, à raison de la qualité de *marchis* de l'impétrant, et des lettres mentionnées ci-dessus sous la date de 1415. Quoi de plus simple, de plus naturel, de plus conforme à l'usage du temps, que la dérivation du nom de Marconnay de celui de cette forteresse, dérivé lui-même de sa situation et de sa destination? Issu, ainsi que les Chastillon, comme on l'a démontré dans les sections précédentes, des comtes de Blois, le chef de la maison de Marconnay leur était lié par l'identité de sang et d'armes, d'intérêts, d'esprit et de devoirs ; il ne pouvait qu'être investi de leur confiance et appelé à leur défense.

COMTES DE BLOIS.

Marches de Poitou, *sauf* la ville de *Chinon* et dépendances comprises parmi les terres dotales d'*Emme*, sa sœur, Duchesse de Guienne (   ). Il est qualifié dans une charte de 990, comte *Marchis des Marches de Poitou*. Il succéda à son père en 978; son règne fut paisible, et ses opérations militaires semblent n'avoir eu pour objet que la reprise des places qui lui avaient été surprises; telle fut celle de Tours, dont le comte de la Marche s'était emparé vers 990, pour en investir Foulques-Nerra, comte d'Anjou, lequel en fut chassé, peu après, par Eudes, au moyen de ses intelligences avec les habitans, mais non de la Touraine entière, où cet incommode voisin se conserva une voie de ses états dans ceux du comte de Tours; telle fut encore la place de *Langest* (Langeais), qu'il emporta d'assaut le 12 février 995. Il s'occupa essentiellement du bien de ses sujets; édifia les places de *Chaumont* en Blaisois, et de *St.-Aignan* en Berry; confirma, en février 978, les dons et priviléges accordés par ses auteurs à l'abbaye de St. Florent de Saumur; consentit, en 990, à la fondation de l'abbaye de Bourgueil par sa sœur; restaura l'abbaye de Bonneval, près Chartres, et répandit spécialement ses bienfaits sur celle de Marmoutier, où il remplaça par des moines de Cluny, des clercs que le chapitre de Saint-Martin de Tours y avait établis peu après les ravages des Normands, et où, étant tombé malade en 995-6, il prit l'habit, mourut, et fut inhumé près de sa mère. Il avait épousé, vers 984, *Berthe,* fille de Conrad, roi d'*Arles*, et de *Mahaud* de France, sœur du roi Lothaire, laquelle, ayant convolé peu après en secondes noces . avec le roi Robert, premier du nom, en la dynastie capétienne, fut, dès 998, obligée d'acquiescer au divorce prononcé contre elle, en

AQUITAINE.	ANJOU.	CHATILLON, de Duchesne.	CHATILLON DE TOURAINE.
XIe SIÈCLE.	XIe SIÈCLE.	XIe SIÈCLE.	XIe SIÈCLE.
GUILLAUME - HUGUES II, plus connu sous le nom de Guillaume V, dit *le Grand*, duc d'Aquitaine, comte de Poitiers, de Saintonge et pays d'Aunis, ouvrit sa carrière par une guerre contre Adalbert Ier, comte de la Haute-Marche et du Périgord; il rebâtit le château de Gençay, que ce comte avait ruiné; échoua au siége de Bellac; emporta d'assaut la forteresse de Rochemeaux; et, après avoir battu Adalbert, il secourut l'évêque de Limoges contre le seigneur de Chabannois; rangea à leurs devoirs	FOULQUES III, dit Nerra, comte d'Anjou, succéda, en 987, à son père. Il fut belliqueux et rusé; fit ses premières armes contre Landri, vicomte de Dunois, à qui son père avait donné une maison très-forte au midi du château d'Amboise, avec plusieurs autres habitations, et qui s'était uni avec Eudes Ier, comte de Blois, de Chartres et de Tours, et avec Gilduin, seigneur de Saumur, pour lui ravir les places d'Amboise et de Loches, et le chasser ainsi de la Touraine. Il se porta à leur rencontre au-delà de Blois, les défit près de Châteaudun, força Landri à la restitution des dons qu'il tenait de Geoffroi-Grisegonelle, fit raser sa forteresse, et le chassa entiè-	GUY (VIe degré, commencement du XIe siècle jusqu'à 1076), prétendu fils de Milcs. —Gervais II. — Manasses-Eudes II, dont Duchesne a fait un pape (Urbain II) qu'il savait néanmoins n'être point de la maison de Châtillon-sur-Marne, mais être seulement né au lieu de ce nom, et fils d'Eucher, seigneur de Lageri, près Reims, et d'Isabelle son épouse, dont Albéric, qu'il témoigne avoir lu, et le Martyrologe de l'abbaye de Molesme, qu'il a compulsé, devaient l'avoir préservé d'u-	INDIE DE MIREBEAU (vers 1020. —Voy. Xe siècle) et ses enfans, Robert, dit le Poitevin, Aimery, dit Salvatge, Jordan, peut-être Ganelon, Isderne (pour Ansderne), Geoffroi, firent don, vers 1020, à l'abbaye de Saint-Cyprien de Poitiers, de l'église de Dandesigny (Voy. Robert de Châtillon). *N. B.* Dans une autre charte, Isderne est qualifié seigneur d'Aupareds ou Pareds (1), et fait don, conjointement avec Geoffroi, son frère, d'un emplacement dans son château de Monchamp (en Bas-Poitou), pour y construire un pressoir. GUENNE (vers 1020), abréviation justifiée du prénom *Ganelon,* était, dès le commencement du XIe siècle, la seule dénomination qu'affectât un seigneur de Nouastres en Touraine, qui donnait passage à Foulques-Nera,

(1) Le *Pareds* était, à cette époque, un territoire considérable situé dans le Bas-Poitou, non loin de *Luçon*, de Monchamp et des possessions qu'y avait alors la maison de Chastillon.

COMTES DE BLOIS.

dépit de l'opiniâtre résistance de cet époux ; elle fut long-temps malheureuse, et mourut, en 1022, avec le seul titre de reine, et sans enfans de ce lit ; mais, après en avoir eu sept du premier, sur lesquels elle concentra ses affections, si l'on en juge par ses dons à l'abbaye de Bourgueil et ses sollicitations auprès du pape pour la confirmation des immunités de celle de Saint-Florent de Saumur, en 1004 ; c'étaient : 1º *Thibaud* II, comte de *Blois*, etc., qui succéda, en 996, à son père, fit un voyage peu intéressant à Rome, en 1003, et revint, en 1004, mourir à Chartres, sans avoir été marié ; 2º *Eudes* II, qui suit ; 3º *Théodoric* (Thierri), présumé ecclésiastique, mort avant le comte, son frère aîné ; 4º *Roger*, évêque de Beauvais, élu en 996 : Il échangea, en 1016, sa part de succession au comté de *Sancerre*, contre celle d'*Eudes*, son frère, au comté de *Beauvais*, qu'il annexa à son église, et mourut vers 1022 ; 5º *Hugues*, abbé de Marmoutiers, selon Duchesne, mais dont le nom même est omis par l'*historien de Blois* et l'*Art de vérifier les Dates* ; 6º *Aluise* ou *Héloïse*, mariée, selon Duchesne (*Histoire de Montmorenci*), 1º à Regnaud, seigneur de *Beaufort* et de *Pithiviers* ; 2º à Renaud, seigneur de *Broyes*, et seulement nommé dans l'*Art de vérifier les Dates* ; 7º *Berthe*, que, d'après le père Labbe, le père Anselme donne pour femme au comte de Bretagne, Alain, mort du poison en 1039, mais que l'*historien de Blois* marie une seconde fois à Hugues, comte du Maine, et qui mourut en 1085 ; 8º *Agnès*, mentionnée dans une charte de l'abbaye de Bourgueil, de septembre 1101, et en plusieurs autres de Saint-Pière-en-Vallée.

COMTES DE BLOIS.	BLOIS ÉPARS.	MARCONNAY.
XIe SIÈCLE.[1]	XIe SIÈCLE.	XIe SIÈCLE.

(1004) EUDES II (IVe dégré), comte du palais du roi de France, de Blois, de Chartres, de Tours, de Sancerre, de Meaux, de Provins, de Troyes (dit de Champagne), seigneur temporaire de Vierzon, seigneur de Saumur, de Dreux et d'autres places en Anjou, en Touraine et Marches de Poitou, succéda, en 1004, à Thibaud, son frère aîné. Possédé du même esprit que son bisaïeul, il n'en eut pas le bonheur ; il guerroya presque toute sa vie avec ses voisins, et le plus souvent sans succès ; en 1017, avec Richard II, duc de Normandie, pour refus de restituer la dot de sa première femme, sœur de ce prince, dont il retint la ville de Dreux, au prix de la perte de deux batailles et du ravage du comté de Chartres par les Normands, auxiliaires de son adversaire, que fit cesser l'officieuse intervention du bon roi Robert ; en 999, avec le roi Robert et Richard II, duc de Normandie, pour s'être obstiné à conserver la ville de Melun par lui ravie au comte Bouchard, et qui lui fut arrachée dans la plaine d'Orcey, par une victoire complète ; en 1010-11, par le retour de la querelle surgie entre son père et le comte d'Anjou, relativement aux places de Touraine occupées par ce dernier, qui étaient Amboise, Loches, Nouastre, Château-Renaud, Chastillon, Semblançay, Mirebeau, Loudun, Chinon et Langest ; induit par Landry de Dunois à profiter de la faiblesse de Maurice, qui, à peine investi du comté d'Anjou, était déjà frappé de la maladie qui l'emporta en 1012, et de l'absence de Foulques-Nerra, qui était en

(1035) GAUSCELIN de Blois intervient, le 6 avril 1035, dans une charte, par laquelle Gelduin (de Saumur), Aénor, sa femme, Geoffroy, leur fils, font une donation à l'abbaye de Saint-Florent de Saumur, en présence d'Eudes, comte de Blois, d'Ermengarde, sa femme, des comtes Thibaud et Étienne, leur fils, au fief desquels l'objet concédé relevait. Les témoins, outre Gauscelin de Blois, furent Geoffroy, vicomte, Gelduin de Breteuil, Herduin, son fils, Bernard de Saint-Aignan, Geoffroy, fils de Bouchard, Hervé, vicomte, etc.

(vers 1060) GEOFFROY de Blois paraît comme témoin dans une charte, du

(1027) Ce chef a pu être GAUTHIER ou GAUCHIER de MARCONNAY, seigneur du château-fort et fief de Marconnay, en partie de Sauves, viguerie très-considérable, que les chartes du XIe siècle présentent indivise entre les seigneurs de Chastillon, de Marconnay, de Montcentour, de Saint-Jouïn et autres (Voy. art. *Chastillon*). Il fut présent et peut-être garant tacite d'une donation faite, en 1027, par très noble dame *Plaisance*, à l'abbaye de Saint-Cyprien de Poitiers, pour le salut de son âme, et de celles de Gautier Tescelin, son père, d'Aldéarde de Mons (près Marconnay), sa mère, de Jordran, son mari, de Pierre Aymery

4

AQUITAINE.

les seigneurs d'Aquitaine, qui s'étaient révoltés ; donna la ville de Saintes à Foulques-Nerra, comte d'Anjou, et à Guillaume Taillefer II, comte d'Angoulême, son fidèle ami et conseiller, les vicomtés d'Aunay, de Melle et de Rochechouart avec les seigneuries de Chabannois, de Confolent et de Ruffec. Vers 1025, il bâtit le château de Vouvent, et le soumit à l'abbaye de Maillezais, lieu dont il avait donné, en 1003, toute l'île aux moines que ses père et mère y avaient établis, et qu'il avait richement dotée en 1010. Il fit de grands biens aux abbayes de Saint - Michel - en - l'Herm, de Bourgueil, de Saint-Jean-d'Angély et autres ; reconstruisit la cathédrale de Poitiers et le palais épiscopal. Sur la fin de ses jours, il prit l'habit monastique à Maillezais, et mourut le 31 janvier 1030 (n. st.), à l'âge de 71 ans. Il eut trois femmes: 1°Adelmodie, veuve d'Aldebert Ier, comte de la Haute-Marche et de Périgord, fille de Géraud, vicomte de Limoges, et de Rothilde, encore vivante en 1003. — 2° Brisque ou Prisque,

ANJOU.

rement d'Amboise, où il établit Lisoie de Bazougiers, petit-fils du vicomte de Sainte-Suzanne, auquel il confia en outre le gouvernement du château de Loches. Il eut ensuite une autre guerre contre Conan, comte de Rennes, qui, bien qu'il fût son gendre ou beau-frère depuis dix ans, avait fait diversion en faveur de ses ennemis, en tentant de surprendre la ville d'Angers; des mesures qu'il prit pour déjouer cette perfidie, résulta, en 991, une sanglante bataille, dans la lande de Conquereux, où la victoire fut vivement disputée. Une autre bataille, engagée, le 27 juin 992, au même lieu, pour lui faire lever le siége de Nantes, dans laquelle Conan fut tué, termina cette seconde lutte. Il eut une troisième guerre à soutenir contre Eudes II, de Blois-Champagne, fils d'Eudes Ier, comte de Blois, qu'il battit complètement à Pont-le-Voi, près la rivière du Cher, le 10 juillet 1016. Depuis, Foulques seconda toujours le roi Robert et la reine Constance, qui était sa nièce, contre le comte de Champagne; mais, en 1025, ils firent leur paix à son insu, et lui laissèrent tout le fardeau d'une guerre qu'il n'avait entreprise que pour leur intérêt. Eudes ramassa toutes ses troupes, et fut assiéger le fort de Mont-Budel, que Foulques avait fait construire pour serrer la ville de Tours, qu'il espérait conquérir. Foulques, le laissant y perdre son temps, fut lui surprendre la ville de Saumur,

CHATILLON
de Duchesne.

ne erreur aussi grossière.

(1076-1095) ERLAUD. — Guy, qu'un seul titre de 1076 présente sans autre qualité que celle de chevalier et de témoin ; —Manassès;— Adèle; — Gaucher I; —Guermond;— Jacques et Pierre, personnages tous incohérens et dont rien, soit au texte, soit aux preuves, ne justifie la filiation ascendante ni descendante, ni directe ni collatérale.

DE GAUCHER, Ier du nom, dont il cite un seul titre de 1095, qui le place immédiatement avant un Guermond, Duchesne dérive encore le degré suivant, sans y ajouter aucune preuve de jonction ascendante ni descendante, mais non sans déceler le rapport de ces sujets avec les comtes de Blois dont ils suivaient la cour, et dont les aînés se trouvaient déjà comtes de Champagne.

HENRI; — RENAUD; — HUGUES ; — De HENRI (VIIIe degré), Duchesne fait descendre Gaucher II de Chatillon, qui est le seul personnage dont émane la véritable sou-

CHATILLON DE TOURAINE.

comte d'Anjou, lors de ses courses vers Tours, pour rentrer dans ses Etats, dont Mirebeau et Loudun faisaient partie. Ce nom, en effet, se rendit assez célèbre pour que deux ou trois de ses descendans directs l'aient maintenu, même en y associant celui de Chastillon, sans jamais y substituer celui de Nouastre, dont il n'est fait mention , dans l'histoire , que comme d'une possesion dont le nom n'est employé que relativement à une énumération topographique, et non à une désignation patronymique que l'on retrouve lorsque, chez ses descendans, l'opportunité se présente d'employer, selon un autre usage de très-peu postérieur, l'appellation patronymique. Cette célébrité fut même telle que de nos jours elle se conserve encore dans les annexes des noms de plusieurs lieux circonvoisins des possessions de la maison de *Blois*, entre autres du bourg de Sougé-le-Ganelon, en Maine; et du village de Montiguy - le - Ganelon, en Dunois.

(1037 à 1042) GANELON, présumé le même, intervint, comme témoin dans une charte que les synchronismes datent de 1037 à 1042, par laquelle il appert qu'Aimery de l'Isle-Bouchard impose à l'abbesse de Sainte-Marie de Beaumont (lès Tours) quelques coutumes de son fief dudit lieu, et ce, du consentement de Thibaud III, comte de Blois, son seigneur ; la chaite fut signée par ledit Ganelon et cinq autres témoins sans dénomination patronymique.

GANELON (même date) paraît encore le même personnage que celui dénommé ci-dessus, qui, dans une charte de l'époque précédente, intervient comme témoin, dans un titre d'où il résulte qu'un nommé

COMTES DE BLOIS.

Terre-Sainte, il fit le dégât sur le territoire des places contestées que défendaient avec succès Sulpice d'Amboise et autres seigneurs du parti angevin ; mais Foulques, bientôt averti de cet état de choses, revint aussitôt dans son comté, et ne tarda guère à reprendre l'avantage, de telle manière qu'après avoir secouru Amboise et Loches, défait Landry, le 6 juillet 1016, à Pont-le-Voy, sous Châteaudun, et ruiné sa forteresse, il prit à son tour l'offensive, avec d'autant plus de succès qu'Eudes, étant en même temps forcé de repousser l'invasion de ses Etats de Champagne par le duc de Lorraine, permit à Foulques de prévenir la diversion projetée par le comte de Bretagne (Conan) sur l'Anjou, en faveur du comte Eudes II ; de resserrer Tours par la construction du fort de *Montbrole* (depuis *Montbudel* et *Montlouis*) ; de surprendre Saumur, d'assiéger Montbason, de dévaster les territoires de Blois, de Chaumont et de Saint-Aignan, et de faire échouer tous efforts ultérieurs pour la destruction de Montbrole. Eudes II fut réduit à ne pouvoir s'occuper efficacement que de la Champagne, où le décès, sans enfans d'Etienne, dernier comte de Troyes de la race de Vermandois, son proche parent, lui fournissait un prétexte pour s'en approprier l'héritage qui, réuni à ce qu'il y tenait déjà du chef de ses auteurs, composait un ensemble tel que depuis il a été connu sous le seul nom de comte de Champagne et Brie. Il jouit peu de cette bonne fortune, la seule peut-être de sa vie, et surtout remarquable en ce que le roi, offensé de ce coup de main, lui rendit peu après ses bonnes grâces. En 1027, il restitua à l'abbaye de Marmoutier une église du comté de Blois, appartenant à ce monastère, qu'il avait donnée en fief au comte de Bretagne, Alain. Son attachement à la cause des deux fils aînés du roi Robert, lui attirèrent des persécutions de la part de la reine Constance qui voulait intervertir l'ordre de primogéniture en faveur du troisième. Enfin la mort, sans enfans, de Rodolphe (*Raoul*) III, roi d'Arles, vint, en 1032, présenter un nouveau leurre à son ambition. Neveu, par sa mère, du feu roi, il osa disputer, dès 1033, cette couronne à l'empereur Conrad II, appelé à la succession du chef, de son épouse, aussi nièce et héritière instituée du défunt et par le vœu des états du royaume ; mais, après trois ou quatre années de succès et de revers alternatifs, il fut enfin complètement battu le 15 novembre ou 17 septembre 1037, près Bar, par le duc de Lorraine, avec perte d'une grande quantité de chevaliers ; lui-même y fut tué. Sa tête fut envoyée à l'empereur, et son corps délivré à l'évêque de Châlons et à l'abbé de Saint-

BLOIS ÉPARS.

mois d'avril 1060, par laquelle Aimery, vicomte de Thouars, confirme une donation faite par ses prédécesseurs à l'abbaye de St.-Cyprien de Poitiers, de l'alleu de Clazay (*aliàs* Flazay).

(vers 1068) GEOFROY de Blois est désigné comme ayant fait don à l'abbaye de Bourgueil (bâtie par Emme de Blois) de deux églises sises à Argenton, dans la charte d'Isambert II, évêque de Poitiers, datée de Mirebeau. Ce fut ce Geofroy qui fit la souche de la maison d'Argenton. (V. *Duchesne*.)

(vers 1069) JOSLEN de Blois, un des barons du comte d'Anjou, assista aux obsèques de Bouchard, seigneur de l'Isle-Bouchard, avec Foulques-le-Réchin, comte d'Anjou, Jean de Chinon, Hugues de Sainte-Maure, Guy de Nevers, Guillaume de Montsoreau, la septième année de Barthélemy, abbé de Marmoutier. Le libellé de la charte nous apprend, en outre, qu'en réparation des pertes causées au prieuré de Tavant (dépendance de Marmoutier), lors de la guerre entre Bouchard, seigneur de l'Isle, et son oncle Fualdus, qui voulait lui enlever les héritages qu'il avait reçus de ses ancêtres, ledit Bouchard avait fait don aux religieux de la propriété de Rivière (en Touraine).

MARCONNAY.

et Jordran (1), leurs enfans, d'une terre qu'elle possédait à Sauves, située entre la voie publique qui menait au gué de la Dive (ruisseau coulant au pied de Marconnay) et le chevet de l'église de Saint-Clément. Les autres assistans furent : Constantin, abbé de Saint-Cyprien, Maingod, docteur en lois, Aimery, archidiacre, et Bodin Béliard. Gauthier de Marconnay (écrit Marchonnay, la lettre *h* s'aspirait alors) souscrivit, vers 1065, une sauvegarde donnée au monastère de Saint-Cyprien de Poitiers, par Bertrand de Montcontour, Damnette, sa femme, Pierre, Philippe, Robert et Bertrand, leurs enfans, et par les barons (*proceres*) de leur fief, pour garantir et défendre de toute espèce d'insulte les moulins de Gragon (près Sauves) et les autres possessions qu'y avait ce monastère. Les autres témoins furent : Bodin Beliard, Aimery, Flocel et Arbert de Sazay.

---

(1) Ce Jordran, ou Jordan, est vraisemblablement le même que celui qui figure dans une charte de 1020, comme fils de Geoffroy, dit le Poitevin, et d'Indie de Mirebeau. (*Voy*. colonne de Chastillon, Indie de Mirebeau.)

AQUITAINE.

fille aînée de Guillaume - Sanche, duc de Gascogne et d'Urraque de Navarre ; héritière de ses frères, Bernard, dit Guillaume et Sanche II, successivement comtes de Bordeaux et ducs de Gascogne, décédés sans enfans ; laquelle signa plusieurs chartes avec son mari, et mourut long-temps avant lui ;—3º Agnès, seconde fille d'Otte-Guillaume, comte de Bourgogne, et d'Ermentrude de Roucy ; veuve, elle se remaria avec Geoffroi Martel Iᵉʳ, comte d'Anjou. (V. Anjou.)—Du premier lit était issu, Guillaume VI, dit le Gras, duc d'Aquitaine, qui succéda à son père en 1030, et guerroya d'abord avec Geoffroi-Martel Iᵉʳ, comte d'Anjou, qui avait épousé la veuve de son père. Ce début ne fut point heureux, il fut battu et fait prisonnier, en 1033, dans un combat près du mont Cœrius (V. Anjou.), et ne recouvra la liberté qu'en 1038, moyennant rançon, recueillie par sa femme, et de concert avec Isambert, évêque de Poitiers, aux dépens des trésors de quelques églises. Il mourut, peu

ANJOU. -

qui se rendit en 1026, et feignit ensuite d'aller assiéger Montbazon ; ce qui obligea Eudes à lever le siége de Mont-Budel. Foulques avait emporté sur Eudes Iᵉʳ, vers 990, la ville de Tours, par l'assistance d'Adelbert, comte de la Haute-Marche ; mais Eudes l'avait presque aussitôt recouvrée, à la faveur de ses intelligences dans la place. Il prêta, vers 1027, foi et hommage du Loudunois et du Mirebalais à Guillaume, dit le Grand, comte de Poitiers, qui lui fit don de la ville de Saintes. Il y termit sa gloire, en 1028, par un excès d'ingratitude et de rapacité envers Herbert-Eveille-Chien, comte du Mans, auquel il avait été redevable de son salut et de sa victoire à la bataille de Pont-le-Voi, en 1016, et qu'il retint prisonnier jusqu'en 1030. Après la mort du roi Robert, Eudes II, de Blois-Champagne, reprit la guerre contre Henri Iᵉʳ, fils de ce monarque, lequel demanda secours à Foulques qui était son oncle, et qui en effet marcha pour l'aider à reprendre la ville de Sens, dont Eudes s'était emparé ; mais, pendant ce temps, Foulques ayant appris que Geoffroi son fils, favorisé par sa mère, avait épousé Agnès de Bourgogne, il en fut tellement irrité, qu'il s'avança à la tête de son armée pour le punir, et commença ainsi, en 1032, une guerre civile qui dura peu, car ils eurent bientôt réuni leurs armes contre

CHATILLON
de Duchesne.

che des Chastillons établis en Champagne et possesseurs, à telle ou telle autre date, du château de Chastillon-sur-Marne, qui leur fut concédé par les comtes de Champagne de la maison de Blois, lesquels y levaient antérieurement la taille, et dont les serfs de corps et de biens furent seulement affranchis par le comte Thibaud V, en 1231.

(vers 1050) ISAMBERT DE CHASTILLON, dit père d'Arengarde, troisième femme de Foulques-le-*Réchin* (Voy. Arengarde de Chastillon).

HUGOLIN (1) (diminutif de Hugues) DE CHASTILLON (vers 1062) intervient comme témoin dans une charte de vers 1062, énonçant qu'un nommé Rainaud liquide un cens dû à Eudes, fils de Dreux de Sarmaises (en Anjou), et ce de l'autorisation de Geoffroy troisième du nom, dit *le Barbu*, comte d'Anjou, et de Foulques, dit le *Réchin*, son frère.

(vers 1065) ROBERT DE CHASTILLON, frère de Ganelon, fit don à l'abbaye de Saint-Cyprien de Poitiers, vers 1065, des églises de Sauves qui (*de jure*) étaient de son alleu. Il ajouta en outre à ce don, 1º autant de terrain que six bœufs pouvaient en labourer pendant les deux saisons ; 2º un moulin ; 3º six journaux de prés, et 4º deux autres de vignes. Maentie, fille de Ganelon, nièce dudit Robert et femme d'Airaud de Monthoiron, confirma cette donation, qui eut lieu en présence de Maurice de la Pouille, André Limeschin, Aimery de Vaudeloigne, et vraisemblablement de ses trois fils, Robert, Aimery et Guillaume.

CHATILLON DE TOURAINE.

Geofroy, fils de Foucaud, revendiquait sur l'abbaye de Noyers en Touraine, la terre de Doulce, qui lui avait été concédée. Les témoins furent Roger de Bernezay (aujourd'hui les Trois-Moutiers), Raoul Roi, le seigneur Guy, Ganelon, Roger de la Mothe et autres.

GANELON est dit père de Maentie dans le titre de la fondation du prieuré de Sauves de vers 1060 à 1065. (Il était frère de Robert de Chastillon. Voy. l'article de ce dernier.)

(vers 1050) ISAMBERT DE CHASTILLON, dit père d'Arengarde, troisième femme de Foulques-le-*Réchin* (Voy. Arengarde de Chastillon).

(vers 1070) Le même ROBERT est encore mentionné dans une autre charte, par laquelle il paraît que Renaud, abbé de Saint-Cyprien, eut quelques démêlés avec l'abbaye de Clugny, relativement à de certaines prétentions que réclamait cette dernière, et qui furent terminées par l'intermédiaire d'Amat, légat du pape ; au nombre des donations relatées dans cette notice, sont celles des églises de Sauves, qui étaient du fief dudit Robert de Chastillon (*quas jure tenebat*), et qu'il avait concédées antérieurement à ladite

(1) Hugues de Chastillon est dit pere de Ganelon, dans une charte de vers 1095.

COMTES DE BLOIS.

Vanne de Verdun, qui le firent parvenir à sa veuve, laquelle le fitinhumer à Marmoutiers, près d'Eudes Ier, son père. Il avait été marié deux fois : la première, à Mathilde, fille de Richard Ier, duc de Normandie, morte sans enfans; la deuxième, en 1020, à Ermengarde, nièce de la reine Constance, fille de Robert, comte d'Auvergne, et d'Ermengarde d'Arles, vivant encore en 1042.De ce second mariage vinrent, Thibaud III, qui suit; 2° Etienne-Henri, comte de Meaux: de Provins et de Troyes , en vertu dé partage avec son frère aîné, vers 1040. Il fut poursuivi par le roi pour félonie, et battu en 1041. Il s'unit ensuite à Thibaud contre le comte d'Anjou, et partagea ses dangers à la bataille du 21 août 1044 ; mais, plus heureux, il parvint, dit-on , à se sauver de la déroute. Cependant l'histoire n'en parle plus depuis, si ce n'est pour rapporter que , dès 1046, ce même Thibaud était en possession des comtés champenois, quoique du mariage d'Henri-Etienne avec Adèle, crue fille de Richard II,°duc de Normandie , fût issu un fils,° *Eudes III,* qui se retira en Normandie, près le duc Guillaume-le-Bâtard , dont il reçut le comté de *Holderness,* en Angleterre ; s'attacha à l'archevêque de Rouen, qui lui donna le comté d'Aumale en Normandie; et eut pour épouse Adélaïs de Mortaing, sœur utérine du duc Guillaume, d'où vinrent les comtes d'Aumale , péris en mâle en 1180, au IVe degré. 3° Hugues de Blois, seulement nommé par *l'historien de Blois* et le *P. Anselme,* et omis dans *l'Art de vérifier les dates.* 4° Berthe, présumée la même que celle du dégré précédent ; 5° Aliénor, femme, selon les modernes, de Raoul III, comte de Crespy et de Valois.

(1037) THIBAUD III, comte de Blois, de Tours, de Chartres, etc., partagea, après 1037, avec Étienne, surnommé Henri, son frère puîné, la succession paternelle ; il retint, par droit d'aînesse, les anciennes possessions de sa maison, et lui laissa celles de Champagne , de Brie, etc. Ces deux comtes, peut-être à l'instigation de leur mère, nièce de la reine Constance, qui avait entraîné leur père dans son parti contre ses deux fils aînés, se liguèrent avec Eudes, quatrième fils, contre Henri Ier, second de ses enfans ; ce monarque défit premièrement, en 1040, son frère, lequel fut pris et renfermé à Orléans, ensuite relâché et tellement rentré en grâce, qu'il commandait une partie de l'armée du roi pendant la guerre qu'il fit, en 1034, à Guillaume-le-Conquérant,

BLOIS ÉPARS.

(28 août 1070) GOSSELIN de Blois signe la donation par Foulques-le-Rechin, de la terre de Vonte (en Touraine) au monastère de Cormery. Cette donation fut ratifiée par Hugues, frère de Hamelin de Langeais, qui pour lors possédait la tour d'Éblon, du fief duquel semblait relever ladite terre. Les témoins de la part du comte Foulques et de Hugues de Langeais furent les suivans : Langeais , faite par Bouchard-de-l'Isle à l'abbaye de Marmille du comte (*de se et omni suo genere*) (1), et tous barons du comté d'Anjou, savoir : Robert-le-Bourguignon , Jean de Chinon, Gervais du Loir, Hugues de Sainte-Maure, et Gosselin de Blois. La charte fut donnée à Tours, le 28 (*aliàs* 18) août 1070, sous le règne de Philippe Ier, roi de France.

(vers 1071) GOSSELIN de Blois est du nombre des barons qui signèrent la donation de la terre de Rivière, faite par Bouchard-de-l'Isle à l'abbaye de Marmoutiers pour indemniser cette abbaye des pertes qu'elle avait éprouvées dans l'incendie du prieuré de Tavant. (Même répétition qu'en la charte de 1069, mais plus détaillée.)

(août 1070) MAURICE de Noastre (2) figure comme témoin dans la donation de la desserte de Saint-Baud, près de Cormery, dépendance de cette dernière abbaye. Il est le même que Maurice de Blois, qui suit :

(19 mai 1080) MAURICE de Blois, moyenna un accord entre Hugues de Langeais et Gui, abbé de Saint-Paul de Cormery, relativement à la terre de Vonte, concédée antérieurement par Foulques-le-Réchin, comte d'Anjou, et confirmée par ledit Hugues, en députant vers l'abbé deux de ses chevaliers, Hugues, dit Barbetorte, et Maurice de Blois, en l'engageant à s'en tenir aux termes du premier arrangement, et à renoncer à toutes prétentions contraires; ce à quoi l'abbé consentit.

(vers 1080) GEOFFROY de Blois, seigneur d'Argenton (d'après A. Duchesne), fit don, vers 1080, à l'abbaye de Bourgueil (fondée par Emme de Blois)

---

(1) *De se et omni suo genere.* Il est à remarquer que tous les barons souscripteurs de la charte ci-contre sont de la *famille* ou *race* du comte d'Anjou.

(2) *Noastre,* en Touraine, propriété indivise, à même date, entre les maisons de *Blois* et de *Châtillon,* dont quelques membres prirent le surnom. (*Vide :* Ulric de Chastillon ou de Noastre.)

AQUITAINE.

après, sans enfans de son mariage avec Eustachie, fille de Berlay de Montreuil, qui lui survécut peu.

Du second lit naquirent de Eudes, comté-de Gascogne, du chef de Prisque, sa mère : une partie des barons aquitains l'appelèrent pour prendre possession des comté de Poitou et duché d'Aquitaine, mais une autre partie se ligua avec la duchesse Agnès et Geoffroi-Martel Ier, comte d'Anjou, son second mari, qui se prétendait tuteur des enfans de cette dame, son épouse, et du père d'Eudes, son 1er mari. Eudes mit le siége devant le château de *Germond* en Gastine, fortifié et défendu par Guillaume l'archevêque, seigneur de Parthenay ; il ne put le prendre : il alla ensuite assiéger celui de Meauzé au pays d'Aunis, et fut tué devant cet-

ANJOU.

le duc d'Aquitaine, Guillaume IV et VI, surnommé *le Gras*, qu'ils défirent à la bataille livrée sur le mont *Cœrius*, entre Saint-Jouin de Marnes et Montcontour, le 20 septembre 1033, et qu'ils firent prisonnier : ils ne lui en dirent la liberté qu'en 1037, moyennant une grosse rançon et la cession de l'ancien pays de Mauge et d'une portion de celui de Tiffauges. Foulques fit deux voyages à Jérusalem; le premier, vers 1015, pendant lequel Eudes II ravagea ses états; insulte dont, à son retour, il prit sa revanche et fit bâtir le château de Montrichard, pour mettre ses terres du Cher à l'abri des incursions d'un voisin si dangereux. Le second voyage eut lieu en 1039, et il mourut, après son retour, le 21 juin 1040, à Metz, d'où ses entrailles furent portées dans l'abbaye de Beaulieu, près Loches en Touraine, qu'il avait fondée. Foulques-le-Réchin, son petit-fils, lui attribue encore la construction et réédification de Langeais, Chaumont, Montrésor, Ste-Maure, en Touraine ; les châteaux de Mirebeau, Mont-

CHATILLON DE TOURAINE.

abbaye ; Robert reçut en compensation neuf cents sous. L'abbé Renaud acquit en outre du même Robert de Chastillon, d'Arbert de Saint-Jouin, et de Bertrand de Montcontour, des terres, des étangs, les églises de Dandesigny, de Suilly et Charray, de Turageau, etc., (localités des environs de Mirebeau).

(vers 1080-81) ARENGARDE DE CHASTILLON, fille d'Isambert de Chastillon, épousa, le jeudi 21 janvier, jour de Sainte Agnès 1080-81, Foulques-le-Réchin, comte d'Anjou, et ce, en présence de plusieurs barons et chevaliers d'Anjou. Cette princesse fut répudiée quelques temps après, et prit le voile dans l'abbaye de Beaumont-les-Tours.

(vers 1086) RAMNULPHE DE CHASTILLON, intervient comme témoin dans une charte devers 1086, par laquelle Geoffroy, fils de Rorgon et Maentie, sa femme, confirmèrent à l'abbaye de Saint-Cyprien la donation, faite antérieurement par Robert de Chastillon et Maentie, sa nièce (peut-être mère de Maentie, femme dudit Geoffroy.) Les témoins, outre Ramnulphe de Chastillon, furent Geoffroy de Briançay, Aimery Esperuns et autres.

(vers 1095) ROBERT DE CHASTILLON ratifia, du temps d'Etienne, abbé de Noyers (en Touraine), la concession faite à son monastère par Vivien Brocard, de l'Isle-Bouchard, chevalier, de l'église de Neuil, paroisse de Crissé, de tout le bourg dudit Neuil, qui dépendait de ce bénéfice ecclésiastique, de ses coutumes, consistant en droit de cens, de viguerie, etc., à l'exception de la dîme, qui était la propriété de l'église de Crissé : celle de Neuil appartie du fief de Robert, qui, s'étant rendu un certain jour à l'Isle-Bouchard, fut prié par l'abbé Etienne de sanctionner ladite donation ; ce qu'il fit, en présence de Savary, de Gauthier Poteruns, de Hugues Brocard, fils du donateur et autres.

(1) Sur Guy II, septième degré de cette branche d'Argenton, Duchesne a intercalé la citation immotivée d'une pièce indéfinie, la seule de sa *volumineuse Histoire de la maison de Chastillon*, où se rencontre le nom de *Marconnay*, que d'ailleurs il connaissait parfaitement, ainsi qu'il est prouvé dans ce mémoire. Voici le texte :

« Guy, IIe du nom, seigneur d'*Argenton*, chevalier, se trouve nommé avec Jean de Razillé, Hardouin de Bauçay, Guillaume de « Messemé, Geoffroy et Guillaume de *Marconnay*, et Baudouin de Piqueny, tous chevaliers, en un arrest de l'an mil trois cent « neuf. »

Qu'est-ce que cette énonciation d'un arrêt, où l'on ne voit ni l'exposé de la cause, ni demandeurs ni défendeurs, ni les qualités auxquelles procedent les parties, ni leurs dires ? Un arrêt ne peut guere être énoncé en cette forme qu'autant qu'il serait provoqué par l'autorité suprême contre une masse de délinquans ; en ce cas, pourquoi le citer aussi gratuitement ? Si, au contraire, il s'agit, comme tout le fait penser, d'intérêts entre les parties dénommées, il faut avoir eu des motifs bien impérieux et non moins singuliers, pour suppléer, par une mention aussi insignifiante, au silence absolu qui, hors ce cas, a été, partout ailleurs, si soigneusement observé envers la maison de Marconnay. Certes, on ne peut se dissimuler qu'il y a, dans ce fait, un nouveau mystere qui, en l'état, ne pouvant s'expliquer en aucun sens, semble promettre à qui le dévoilera, des révélations bien précieuses.

COMTES DE BLOIS.   BLOIS éPARS.

dont il avait protégé la jeunesse et fait triompher la cause contre ses compétiteurs ; guerre terminée, en 1059, par la paix qui suivit la bataille de Mortemer et la perte du prince Eudes, que, depuis, l'histoire se borne à dire mort, et dont elle ne cite ni alliance, ni faits, ni dates ultérieurs. Le roi poursuivit ensuite le comte Etienne-Henri, défit son armée, le mit en fuite, et fit quantité de prisonniers, entre autres Raoul, comte de Valois, principal moteur de ce soulèvement : il s'était débarrassé du comte Thibaud, en lançant contre lui Geoffroy-Martel, comte d'Anjou, depuis dix-neuf ans; et vaillant chevalier, lequel, animé d'un esprit de malveillance, légitimé par les plaintes de ses sujets que harcelaient à l'envi les comtes de Poitiers et de Blois, tourmenté de la même ambition que Foulques-Nerra son père, et alléché par le don que le roi lui fit de la confiscation dont il venait de frapper la ville de Tours, devint le plus terrible adversaire de ce chef de la maison de Blois. Après avoir fait le dégât dans la Touraine, il en ruina les forteresses depuis Montbazon jusqu'à Chinon, tandis que son lieutenant, Roger Diabolaire, châtelain de Montrichard, et souche des premiers seigneurs de Montrésor, couvrait Amboise et Loches, en ravageant les territoires de Chaumont, de Pont-le-Voy et de Saint-Aignan jusqu'à la rivière de Cussone. Après avoir établi dans Amboise une garnison de deux cents hommes d'armes et de quinze cents hommes de pied, sous la charge du célèbre Lisois, son sénéchal, il conduisit son armée devant Tours en 1043, et l'assiégea sans succès pendant un an, qui s'était à peine écoulé lorsque le comte Thibaud et Eudes III, son frère, s'avancèrent avec une puissante armée pour secourir cette place. Les assiégeans, dont l'armée était inférieure en nombre, tinrent conseil et déférèrent à l'avis de Lisois, qui fut de lever le siége et de marcher au-devant du secours, quel qu'il pût être, tandis qu'il retournerait à Amboise, afin d'y former, de tout ce que ces garnisons présenteraient de disponible, un corps pour renforcer au besoin l'armée angevine, qui fit en conséquence sa première halte à *Montlouis*, aliàs *Montlandais*, place distante de trois lieues de Tours, et la seconde à St.-Martin-le-Bel (*de Bello*), à même distance de la précédente, et en vue de l'ennemi, qui, après avoir successivement fait halte à Pont-le-Voy et à Montrichard, était campé dans les prés de Saint-Quentin, devant Bleré-sur-Cher; de là les deux armées s'élancèrent en ordre de bataille jusqu'au lieu de *Noit* (aujourd'hui de *Nouit*), où fut déployée la bannière d'Anjou, portant l'écu comtal et l'effigie de Saint-Martin, et le

de deux églises, fondées précédemment en son château, du consentement de Pétronille sa femme, et d'Aimery leur fils. Ce dernier succéda à son père en la seigneurie d'Argenton, et souscrivit une charte de 1099. (V. *Etienne de Blois*.) Il épousa, vers 1100, Nive, sœur de Renaud de Coué, dont il eut Geoffroy, IIe du nom, son héritier, qui continue la postérité. (V. Duchesne, Hist. de Chast., pag. 494. V. Geoffroy de Blois, vers 1060, et la note de la p. 30.

(de 1078 à 1090) ETIENNE de Blois est du nombre des juges choisis par le comte de Poitiers, duc d'Aquitaine, pour prononcer sur le différend existant entre l'abbé de Noaillé (en Poitou) et divers particuliers, relativement aux moulins de Chassagnes, dépendance de ladite abbaye. Les juges, nommés par le duc d'Aquitaine, outre Etienne de Blois, furent : Boson, comte, Hugues, comte, Hugues de Lusignan, Engelelme de Mortemer, Gosselin de Lezay, Geoffroy de Taunay, Ebles de Parthenay, Gelduin, son frère, Hugues de la Celle, son neveu, Pierre de Civray, et autres.

(18 février 1092) ETIENNE de Blois souscrivit, le 18 des kalendes de fév. 1092, les donations faites, en 1088, en faveur de l'abbaye de Saint-Florent de Saumur par Aimery, vicomte de Thouars, du consentement d'Ameline, sa femme, de Herbert et Geoffroy, leurs fils; les témoins, outre Etienne de Blois, furent le comte de Poitiers et plusieurs prélats, Savary, fils de Telmer, Thibaud de Beaumont, Aimery de la Tillé, Robert-le-Bourguignon, Geoffroy de Brion, Hugues de Lusignan, Ebles de Parthenay, Hugues de Doué, Maingod de Melle, Cadelon de Saint-Maixent, et beaucoup d'autres.

(6 décembre 1095) ETIENNE de Blois est du nombre des souscripteurs de la charte, par laquelle Herbert, vicomte de Thouars, se charge du soin d'achever et de doter l'église de Saint-Nicolas de Chaize-le-Vicomte, commencée du vivant de son père Aimery, vicomte de Thouars. Cette charte fut donnée le jour de Saint-Nicolas, 1095, et dans l'église de ce nom.

(7 décembre 1099) ETIENNE (1) de Blois, sei-

---

(1) On voit qu'Etienne de Blois avait, en ce pays, des possessions considérables, entre autres Bournezeau, Migné, Paché, etc., dont les descendans prirent quelquefois les surnoms.

AQUITAINE.

te place, le 10 mars 1039. On ne lui connaît ni alliance ni postérité. — THIBAUD, mort jeune, selon la chronique de Maillezais.

Du troisième lit vinrent : 3° PIERRE dit Guillaume VII ou *le Jeune*, et surnommé *Aigret* (du mot latin *Acer*) en 1047 - 48 et 58, qui succéda à Eudes, son frère, et eut comme lui des différends avec Geoffroi-Martel, leur beau-père, lequel faisait difficulté de lui restituer quelques places du Poitou ; il l'assiégea dans Saumur, mais, étant tombé malade d'une dyssenterie, il leva son camp et retourna à Poitiers, où il mourut vers l'automne de 1058.— 2° GUY-GEOFFROY, dit Guillaume VIII qui suit. —3° Agnès, seconde femme de l'empereur Henri III, dit le Noir, qui l'épousa par procureur à Bezançon, le 1er novembre 1043, qu'il fit couronner à Mayence l'année suivante, et dont le mariage fut consommé à Ingelheim ; devenue veuve le 5 octobre 1056, elle eut la régence de son fils âgé de six ans, la résigna par force en 1061, et mourut le 14

ANJOU.

contour, Faye-la-Vineuse, Montreuil-Bellay, Passavant et Maulévrier, en Poitou, Beaugé, Château-Gontier, en 1037, Duretal, etc., en Anjou. Il fut marié deux fois : 1° avant 990, avec Elisabeth, fille de Bouchard Ier, comte de Vendôme, et d'Elisabeth, son épouse. Elle donna en 990, du consentement de son mari, quelques biens à l'abbaye de Marmoutier, près Tours, afin d'obtenir de Dieu des enfans. Son époux la fit brûler en 999 ou 1000, à Angers, sous prévention d'adultère, et peu après la ville de Saumur fut incendiée. Il prit une seconde alliance vers l'an 1004 avec Hildegarde, morte le 1er avril 1046, à Jérusalem. Il eut de son premier mariage Adèle d'Anjou, mariée par Renaud, évêque de Paris, et comte de Vendôme, son oncle maternel, avec Eudes de Nevers, souche de la deuxième dynastie des comtes de Vendôme. Sa seconde femme le rendit père de *Geoffroi*, qui suit, et d'Hermengarde, qui épousa Geoffroi, comte de Château-Landon, en Gatinais, et souche de la troisième race des comtes d'Anjou.

Geoffroi II, dit Martel, comte d'Anjou, né le 14 octobre 1006, qualifié comte de Vendôme du vivant de son père, lui succéda en 1040, date à laquelle il s'était déjà distingué par ses exploits ; ayant épousé, contre le gré de son père, le 1er janvier 1032, Agnès, veuve de

CHATILLON DE TOURAINE.

(vers 1095) HERBERT (*forte* ROBERT) DE CHASTILLON revêtit de sa signature la donation faite, vers 1095, par Etienne, comte de Blois, fils de Thibaud, comte palatin, conjointement avec Adèle, sa femme, fille de Guillaume, roi d'Angleterre, à l'abbaye de Marmoutier, pour le repos des âmes d'Eudes, son trisaïeul, de Hugues, archevêque de Bourges, frère dudit Eudes, et de Leutgarde de Vermandois, leur mère, qui tous étaient inhumés en ladite abbaye. Après le départ du comte Etienne pour la Terre-Sainte, la comtesse Adèle renouvela de nouveau la donation. Les témoins, au nombre de trente-quatre, dont les principaux furent : Hugues de Basoches ( ), Geoffroy le sénéchal, *Herbert de Chastillon*, Gaston de Sazanne, Gautier de Châteaudun, Hervé de Loudun, Hugues de Château-Thierry, Landry de Pavie, Gedouin d'Ameun, etc., etc.

(de 1095 à 1105) HERBERT DE CHASTILLON intervient encore comme témoin dans un autre diplôme de Henri, comte de Blois, et de la comtesse Adèle, par lequel ils dégagent la maison épiscopale de Chartres de toutes espèces de charges. Parmi les témoins du comte et de la comtesse, se distinguent Gautier de Montmirail, Raoul de Beaugency, *Guermond de Chastillon*, Garnier Maingoth (neveu de *Robert de Blois*), *Herbert de Chastillon*, etc.

(vers 1095 à GUERMOND DE CHASTILLON 1105), cité dans la charte ci-dessus, est probablement le même qu'un autre *Guermond* qui figura comme témoin dans une charte de 1081, qui apprend que Guillaume, fils de Samuel Contor (qui fit bâtir Montcontour), fit restituer à l'abbaye de Noaillé, en Poitou, la terre de Comblé, qu'on avait enlevée à ladite abbaye. — Boson II, vicomte de Châtelleraud, confirma, vers 1086, une donation d'une partie du bois de Bourneau, faite à la même abbaye de Noaillé, par les seigneurs de Chistré, et fait en outre l'abandon de tous les droits qu'il avait sur cet objet. Parmi les témoins figurent Ademar de Curzay, *Germond* et autres. Il y a en Poitou une terre qui porte encore aujourd'hui le nom de Germond, et qui fut donnée par Guillaume, comte de Poitou et duc de Guyenne, à l'abbaye de Saint-Cyprien, pour y construire un bourg. — La charte où cette donation est relatée est du temps de Renaud, abbé de Saint-Cyprien, et souscrite par Geoffroy, fils de Rorgon et d'Adelburge (mari de Maentie, petite fille de Ganelon de Chastillon), Pierre de Niort, Guy de Nevers, Guillaume Bastard et son fils, etc. Il est à remarquer que les *Guermond de Chastillon*, relatés par A. Duchesne, dans son *Histoire de la Maison de Chas-*

COMTES DE BLOIS.

combat s'engagea le 21 août 1044; les Angevins commençaient à plier, lorsque l'arrivée du renfort de Lisois, ranimant leur courage, fit tourner la chance à tel point, que les Blaisois, forcés de lâcher le pied, se débandèrent, à l'exemple du comte Etienne-Henri, l'un des premiers fuyards, et furent poussés si vivement, que, perdant la tête, la plupart cherchèrent étourdiment leur salut dans un bois nommé *Braye*, près de la *Salle-Haistuin*, où, ne pouvant manœuvrer, ils furent enveloppés, et le comte Thibaud fait prisonnier par Lisois, avec 500 chevaliers, et environ 1,400 hommes de pied; 1,700 fuyards furent encore pris à merci par les vainqueurs. Ce terrible échec, qui, au total, coûtait aux vaincus 17 à 1,800 chevaliers et un nombre bien plus grand d'autres combattans, fut encore aggravé par la perte inestimable du comté de Tours, à laquelle fut réduite la rançon du vaincu, après de longues négociations, dont l'expresse volonté du roi put seule accélérer le terme et modérer les conditions. Le traité contient dix-sept articles, donc les principaux furent : « 1º Que purement et « sans aucune réserve, le comte Thibaud laissait au comte « Geoffroy la ville et château de Tours, avec les autres « châteaux et villes de Chinon et Langeais; et tous les « fiefs et seigneuries d'icelles, avec leurs appartenances et « dépendances; 2º, Que le comté de Touraine s'étendait, en « prenant devers occident, depuis la rivière du Thoué « (laquelle, passant entre la ville de Saumur et l'abbaye de « Saint-Florent, tombe au fleuve de Loire) jusques aux « hayes de Bymaice, dites de Saint-Cyr; 3º Que par lui, « ou par autre, le comte de Blois ne procurerait, ni ne « ferait procurer, que le comte d'Anjou ni ses successeurs « perdissent aucune part ou portion du comté ou seigneurie « de Touraine; 4º Qu'il ne bâtirait, ni ne ferait bâtir ou « fermer château ni forteresse, à sept lieues près des places « et forteresses du comté d'Anjou; 5º Qu'au comte Thibaud « sont conservées les prérogatives sur l'abbaye de Mar- « moutier et la mouvance du comté. » Quoi fait, lesdits « comté, châteaux, places, etc., de Touraine furent livrés au comte d'Anjou, après qu'il en eut fait l'hommage à celui de Blois, et que le comte Thibaud eût été mis en liberté. Il fut ensuite fait un appointement entre le comte d'Anjou, Gelduin de Saumur, et Geoffroy, seigneur de Chaumont, son fils, par lequel ces deux derniers quittèrent au comte d'Anjou et à ses successeurs la ville et seigneurie de Saumur, et ce comte *leur rendit les fiefs et terres qu'autrefois ils avaient tenus outre la rivière de Vienne, avec la dîme de Saint-Cyr*. Depuis cette époque, l'histoire est d'une discrétion remarquable sur les circonstances ultérieures de la vie de Thibaud; l'on ne voit rien sur les prétextes et le mode de l'usurpation des comtés d'Etienne-Henri, ni même sur la fin de ce frère, indiquée cependant vers 1048; rien sur les motifs, les faits et l'issue d'une seconde guerre longue et cruelle, dit-on, entre Thibaud et Geoffroy-Martel, rallumée en 1057, et attestée en effet par deux

BLOIS ÉPARS.

gneur de Bournezeau, dont il prenait même le surnom (*de Blesis seu de Bornezello*) « Bournezeau « est à deux lieues de Marconnay, sur la route de Poi- « tiers à Thouars » intervient dans une charte du 7 des kalendes de décembre 1099, donnée par Herbert, vicomte de Thouars, et Geoffroy, son frère, en faveur de l'église de Chaize - le - Vicomte, en présence de Guillaume, duc d'Aquitaine; Pierre, évêque de Poitiers, et quantité de barons et chevaliers de la vicomté, qui tous se cotisèrent pour la dotation de ladite église. Les principaux des seigneurs ou barons qui souscrivirent à cette charte, furent, outre *Étienne de Blois* ou *de Bournezeau*, Hildegarde, fille d'Aimery, vicomte de Thouars, sœur d'Herpert, et femme du seigneur de Lusignan; Maurice de Montagu, Ebles de Parthenay, Simon d'Airvault, Hugues de Doué, Sigebrand de Passavant, *Aimery* (*de Blois*), seigneur d'*Argenton*; Jean de Bressuire, Savary, fils de Tetmer Aymery de Latillé; Renaud de la Forêt, Raoul de Mauléon, oncle du vicomte Herbert; Geoffroy de Tiffauges, frère dudit vicomte; Guillaume de Châteaumur, Maurice de Pouzauges, Guillaume Bertrand des Essarts, Barbotin d'Aspremont, Gosselin de Lezay, Pierre de la Garnaches, et beaucoup d'autres. L'acte est daté de Chaize-le-Vicomte. — Etienne de Blois eut pour enfans : 1º Etienne de Blois, seigneur de Migné et de Paché (près Poitiers), qui prit le surnom de *Migné*; 2º Milesende; 3º Agnès. Toutes deux se firent religieuses (vers 1116 à 1120) dans l'abbaye de Montierneuf de Poitiers.

(Vers 1099.) GOSSELIN DE BLOIS est du nombre des barons du comte d'Anjou qui souscrivirent à la donation faite par ledit comte Foulques-le-Réchin, à l'abbaye de Marmoutier, près Tours, de tous les droits qui lui appartenaient dans sa terre d'Angliers (près Loudun). La charte fut consentie dans le palais de Raoul, archevêque de Tours, et souscrite, outre Gosselin de Blois, par Hugues de Saint-Christofle, Adelelme de Semblançay, et autres, tant ecclésiastiques que laïques.

5

AQUITAINE.

septembre 1077, à Rome, où peut-être elle était pour les intérêts de l'empereur Henri IV, son fils.

GUY-GEOFFROY, dit Guillaume IV, duc d'Aquitaine, comte de Poitiers, etc., prenait indifféremment l'un ou l'autre de ces prénoms, surtout jusqu'à son avènement au duché, qui eut lieu en 1059. Il eut, en 1060, un démêlé avec Hugues, sire de Lusignan; entra en guerre avec Geoffroile *Barbu* et Foulques le *Réchin*, comtes d'Anjou, au sujet de la ville de Saintes, qu'il perdit après avoir été défait par eux à Chefbouton- ne, le 20 mars 1061; nonobstant quoi il recouvra peu après cette place. Il était en Espagne en 1063, guerroyant contre les Maures; à son retour, la guerre continuant avec le comte d'Anjou, il prit le château de Saumur, le 26 juin 1069, brûla la ville et les églises; ensuite alla assiéger Luçon, qu'il prit et réduisit en cendres. Le roi Philippe vint le trouver à Poitiers en 1076-7, pour en obtenir secours contre Guillaume-le-Conquérant, roi d'Angle-

ANJOU.

Guillaume, duc d'Aquitaine, et fille d'Otte-Guillaume, comte de Bourgogne, et d'Ermentrude, sa troisième femme. Il eut guerre avec Foulques-Nerra, son père. Il tua de sa main, le 10 mars 1040, Eudes, comte de Poitiers, qui, appelé par les Poitevins comme héritier d'Aquitaine, au préjudice et comme ayant été partagé des enfans du troisième lit de Guillaume, dit le Grand, duc d'Aquitaine, desquels Geoffroy-Martel était tuteur depuis son mariage avec leur mère, était venu mettre le siège devant Meauzé en Aunis. En 1043, il reçut la ville de Tours du roi Henri Ier, qui en avait dépouillé Thibaud IV, comte de Blois, pour félonie; mais la résistance des habitans l'ayant forcé de les assiéger, Thibaud, qui s'avançait pour les secourir, fut battu et fait prisonnier près de Saint-Martin-le-Beau, le 21 août 1044; il lui en coûta pour rançon la cession de tout ce qui lui restait en Touraine, c'est-à-dire Tours, Chinon, l'Isle-Bouchard, Château-Renaud, St-Aignan, etc. En 1051, Geoffroy-Martel eut l'administration du Maine pendant la minorité du jeune comte Herbert II, qu'il n'avait pu lui dépouiller. Il ne fut pas plus heureux avec le roi Henri Ier, qui le força de demander la paix vers la même époque, ni avec le duc de Normandie, Guillaume II. Il mourut le 14 novembre 1060, en habit

CHATILLON DE TOURAINE.

tillon, tirent leur origine, comme on voit, du Poitou et de la Touraine.

(Vers 1095.) GANELON est au nombre des témoins qui signent la charte par laquelle Aimery, petit-fils d'Aimery, dit l'Heureux, seigneur de Loudun et de Faye, fait don aux chanoines de l'église Saint-Georges de Faye-la-Vineuse, de sa terre de Neuil, avec l'église, appartenances, dîmes, terres, prés, serfs et serves, ainsi que le moulin qui est au-dessous de l'église; en outre, les dîmes de Savigny, vignes, terres, etc., sises près de Marnay et de Razines. Les témoins signataires de la charte, après le donateur, furent : Aimery, son fils, Boson, Ganelon, Nive, sa fille, et autres.

(Vers 1095.) GANELON DE CHASTILLON, du temps qu'il tenait le fief d'Aimery de Faye-la-Vineuse, fit don à l'abbaye de Noyers, dont Geoffroy était alors abbé, d'un colibert nommé Hubert, sous la condition de faire chanter des messes pour le repos de l'âme dudit Aimery; et ce, à la prière des hommes dudit fief, savoir : Bernard Tucbœuf, Gautier Poteruns, André Raoul de Bosnay, Renaud de Grandchamp, et autres. Cette donation fut confirmée, après la mort dudit Ganelon, par Aimery, fils dudit Aimery de Faye-la-Vineuse, à sa rentrée dans la possession dudit fief, en présence de Boson de Furnols, et autres.

(Vers 1095.) GANELON (1) DE CHASTILLON, fils de Hugues de Chastillon, fit don à l'abbaye de Noyers de toute la sépulture de Poizay, ainsi que de la dîme. Il reçut, en échange, un cheval du prix de soixante sous; ce qui se fit en présence de Uric (*forte* Ulric) *de Nouastre*, de Gérald fils, d'Ode-la-Petite, dans la maison de Bérenger de Férières, à la Haye. Cette donation fut confirmée par la sœur (*Nive*) de Ganelon de Chastillon, et son mari, Jean de Palluau.

(Vers 1098.) GANELON DE CHASTILLON figure dans une autre charte concédée du temps d'André, abbé de Noyers, portant que ce dernier avait acquis une vigne d'un nommé Ayraut; achat qui fut ratifié par Archambaud Borel et Amable, son épouse. Quelque temps après, Peloquin, fils de ceux-ci, s'en empara, et la vendit à Ménard le sénéchal, qui, reconnaissant qu'il en jouissait illégitimement, la revendit aux moines, gouvernés alors par l'abbé Etienne; ce qui fut confirmé par *Robert de Blois*, Arsende son épouse,

---

(1) Poizay-le-Joli (*forte* Pouzay), près Nouâtre, était un fief dépendant de l'église de Saint-Martin de Tours.

COMTES DE BLOIS.

charfes de cette date ; rien de satisfaisant sur un premier mariage de Thibaud avec *Gersende*, fille d'un comte du Mans, que les uns nomment Herbert Ier, dit Eveille-Chien, et d'autres Herbert II, laquelle fut séparée pour cause de parenté, et remariée, vers 1060, avec Azzon d'Est, marquis de Ligurie, et comte éventuel du Mans. Il épousa en seconde noces Alix, *aliàs* Adèle, fille de Raoul, comte de Crepy en Valois, et de N....., fille d'Hilduin, comte de Breteuil et de Clermont en Beauvaisis, mariage qui porta le comté de Bar-sur-Aube dans sa maison. Il fit beaucoup de bien à plusieurs églises et monastères de Champagne, de Brie et de Picardie, depuis 1042, que son frère Étienne et leur mère Ermengárde concoururent avec lui, jusqu'en 1089 ; mais il négligea celles des anciens domaines de sa maison, excepté celle de Marmoutier, que lui ; son épouse et ses enfans, ne perdirent jamais de vue, et celle de Saint-Jean de Blois. Il mourut en 1090 ; il fut inhumé à Saint-Martin d'Epernay ; son épouse lui survécut peu, et gît à Saint-Faron. Leurs enfans furent : 1º Hugues, qualifié comte de Champagne dès 1039, avant le décès de son père, et marié, 1º à Constance, fille du roi Philippe Ier, et de Berthe de Hollande, dont, n'ayant point d'enfans, il fut séparé en 1104, pour cause de parenté, et qui se remaria, en 1106, à Boëmond, prince d'Antioche ; 2º à Elisabeth, fille de Renaud, *aliàs* Etienne Ier, comte de Bourgogne, dont il eut un fils nommé Eudes, qu'il désavoua, et au préjudice duquel il donna ou vendit ses comtés à Thibaut IV, de Blois-Champagne, son neveu : ce fils s'attacha au roi Louis VI, dont il obtint le château de Vitry, s'établit à *Champlite*, propriété de sa mère, et y créa une branche de ce nom, que l'on présume éteinte vers la fin du XIIIe siècle. Hugues, son père, avait fait trois voyages en Palestine, le premier en 1113, le second vers 1121, le troisième en 1125, date à laquelle il se fit, comme son père, chevalier du temple ; 2º Etienne-Henri, qui suit ; 3º Philippe de Blois, évêque de Châlons, sacré en 1095, mort en 1110 ; 4º Eudes IV, comte de Troyes, peu connu, mais mentionné sous son nom seulement en 1082, et avec cette qualification, en 1133, date à laquelle il est dit défunt.

ETIENNE-HENRI (VIe degré), qualifié comte palatin et de Brie, *aliàs* de Meaux, du vivant de son père, dès 1081, année de son mariage avec Adèle, fille de Guillaume Ier, roi d'Angleterre, et de Mahaut de Flandres, devint comte de Blois et de Chartres, et seigneur de plusieurs terres en Champagne, par le partage après décès de son père. Il fut un des premiers seigneurs français qui se croisèrent en faveur de la Terre-Sainte, en 1095, et il paraît que ce fut une conséquence de sa réconciliation avec le roi Philippe Ier, qu'il avait indûment provoqué, et désavantageusement combattu. Avant de partir, en 1096, étant à Coulommiers avec son épouse, il y installa des moines qu'il avait fait venir de Marmoutier, et leur donna la forêt de Sologne, franche de toute charge, avec attribution de plusieurs droits : cette abbaye n'était pas moins chère à la comtesse Adèle qu'à lui ; tant qu'il fût absent, et lors même qu'elle l'eut perdu, elle en défendit soigneusement les intérêts et prévint les besoins. Etienne-Henri se distingua contre les infidèles jusqu'à la fin de 1098, que, rebuté, il revint en Europe, y fut mal accueilli par ses barons et son épouse, qui lui reprochèrent sa défection, au point de l'induire à retourner, dès 1100, en Palestine, où il trouva la mort, en 1102, dans les combats. Son épouse lui survécut jusqu'en 1137, que, retiré au prieuré de Marcigny, en Bourgogne, dont elle avait pris l'habit dès 1122, sans renoncer au gouvernement, qu'elle partagea vingt ans avec son fils, elle y fut inhumée. Cette princesse, pendant son veuvage, continua de répandre de pieux bienfaits sur Marmoutier, en ajoutant à sa donation antérieure divers domaines et attributions, entre autres celle du droit des comtes sur le lieu de Saint-Solenne, en 1004 ; en augmentant les dotations de l'abbaye de Saint-Laumer, et du chapitre de Bourgmoyen, à Blois, en 1105 ; et de l'église de Saint-Solenne, en accroissement de la donation jadis faite par Hugues de Blois, archevêque de Bourges, le comte Eudes son frère, et Leutgarde leur mère : sa sévérité envers les moines de Bonneval lès-Chartres dans l'affaire du meurtre de Hugues-le-Noir, et envers les chanoines de Notre-Dame de Chartres, qui s'étaient engagés à n'admettre dans leur clergé ni gens sujets à quelque charge, ni tenanciers de terres du comte, ni affranchis, prouve qu'elle sut allier la dévotion à la pratique des maximes de l'évangile, et l'amour de la justice à celui des lettres. Elle fut mère de, 1º Guillaume de Blois, qui, frappé d'incapacité morale, fut privé de son droit d'aînesse, et néanmoins épousa Agnès, seconde fille et héritière de Gilon II, sire de Sully, et de sa femme Edelburge ; mariage d'où vint une autre *branche* de la maison de Blois, qui prit le nom et les armes de *Sully*, et se fondit, à la neuvième génération et au XIVe siècle, par une seule et même héritière dans

AQUITAINE.

ANJOU.

CHATILLON DE TOURAINE.

terre, qui avait mis le siége devant Dol (en Bretagne). Il eut enco- re différend avec Foul- ques, comte d'Angou- lême, dont il assiégea la ville de Mortagne- sur-Gironde; et avec le vicomte de Limoges, qu'il assiégea dans sa capitale, brûlant tout ce qui était aux envi- rons, en 1082, et s'ac- corda peu après avec lui. Il mourut, le 24 septembre 1086, au château de Chizé, en Bas-Poitou, et eut trois femmes : la pre- mière N.... de Péri- gord, fille d'Audebert II, qu'il répudia pour cause de parenté. — La seconde, Mathilde ou Mathéode, aussi répudiée pour cause inconnue, après mai 1068, daté d'une char- te qu'elle signa avec son mari. D'elle était issue Agnès d'Aquitai- ne, mariée, 1° avec Al- phonse, fils du roi de Castille, 2° avec Hé- lie, comte du Mans. La troisième fut Adélaïde, suivant quelques au- teurs, fille de Henri, duc de Bourgogne, et de Sibille de Bourgo- gne-Comté, mariée vers 1068, et encore vivante en 1129, dont, 1° Guillaume IX, dit le Vieux, qui suit; 2° Hugues, qui, de 1087 à 1129, signa plusieurs chartes de

religieux, à l'abbaye de St- Nicolas d'Angers. Il fut ma- rié deux fois : 1° avec Agnès de Bourgogne, ci-dessus men- tionnée, dont il fut séparé en 1047, pour cause d'affinité de parenté en degré prohibé, et qui, n'ayant pas d'enfans de ce second lit, se retira près de ses enfans du premier, et donna le bourg d'Angely à l'abbaye de Saint-Jean, en 1058; 2° avec Grœcia, veuve de Berlay, seigneur de Montreuil, dont elle avait quatre enfans, et qui mourut sans postérité du second lit.

et Péloquin, fils de cette dernière, en présence de Ganelon de Chastillon, de Robert de Lavardin, Albert de Laval, Mathieu de Breeme, et autres.

Dynastie de Château-Landon.

GEOFFROY III, dit le Barbu, comte d'Anjou, et Foulques IV, dit le Réchin, fils de Geoffroy, comte de Château-Landon et de Joigny, et d'Ermengarde ci-dessus, suc- cédèrent à leur oncle maternel, le comte Geoffroy II, dit Martel. Geoffroy III observa, en 1060, le partage fait entre lui et son frère par leur oncle, et l'un et l'autre, d'abord, unis d'intérêts, gagnèrent à Chefboutonne, en 1061, une bataille décisive contre Guillaume VIII, duc d'Aquitaine, qui leur avait ravi la ville de Saintes; mais le duc reprit cette place dès l'année suivante, après un long siége, dont le succès fut facilité par la mésintelligence qui empêcha les deux frères de la secourir à temps. Cette mé- sintelligence, toujours croissante, devint une sorte de guerre civile, qui tourna au profit du puîné, par les vexations que l'aîné se permit contre les chanoines de Saint-Martin et les moines de Marmoutier, et généralement contre le clergé, qui le rendirent odieux, le firent excommunier, et invitèrent Foulques à terminer le différend ; ce qui eut lieu en 1067, le 25 février, par l'occupation de la ville de Saumur, qui lui fut ouverte sans coup férir, ainsi que celle d'Angers, sa capitale, que des traîtres, massacrés le len- demain par le peuple, lui livrèrent le 4 avril suivant, avec la personne du comte Geoffroy, que son frère fit renfermer dans le château de Chinon, où il paraît être mort en 1108, sauf quelques légères interruptions de captivité indiquées par les écrivains contemporains.

Le second frère, FOULQUES le Réchin, né en 1043, et armé chevalier en 1060, eut pour lot, au partage entre lui et son frère aîné, les propriétés paternelles du Gâtinais, et une partie du midi et de l'ouest de l'Anjou. Sa conduite envers Geoffroy III le fit excommunier jusqu'au 24 juin 1094, et lui attira, dès 1068, une guerre dans la- quelle Guillaume VIII, duc d'Aquitaine, uni au roi de France, brûla Saumur, le 27 juin, et qui ne fut terminée qu'en désintéressant Philippe Ier par la cession de Châ- teau-Landon. En 1081, à la sollicitation du même monarque, il chassa Raoul, arche- vêque de Bourges, de son siége. En 1098; il entreprit de s'emparer du Maine ; les ba- rons de ce comté lui ouvrirent les portes du Mans; mais le duc de Normandie s'étant présenté, dès le mois d'août, pour lui disputer cette possesion, il y renonça, et rentra en guerre avec le duc d'Aquitaine; mais bientôt le roi les réconcilia. Il mourut le 14 avril 1109. Il épousa au moins quatre femmes : 1° en 1060, Hildegarde, fille de Lancelin II, seigneur de Beaugency et d'Adelberge, son épouse; 2° en 1070, Her- mengarde, fille d'Archambaut IV, sire de Bourbon, et de Philippe d'Auvergne, dont il se sépara, en 1081, pour cause de parenté au quatrième degré, et remariée avec Guil- laume, seigneur de Jaligny; 3° Arengarde de Chastillon (de Castellione), fille d'Isam-

COMTES DE BLOIS.

les maisons de la Tremoille et d'Albret; 2° Thibaud IV, qui suit; 3° Henri, successivement moine de Cluny, abbé de Glastembury, évêque de Winchester et légat du pape en Angleterre, l'un de ceux qui contribuèrent le plus à l'élévation de son frère Etienne sur le trône de ce royaume; 4° Etienne-Henri, créé comte de Mortaing par Henri Ier, roi d'Angleterre, son oncle, devint comte de Boulogne par son mariage, de 1120 à 1130, avec Mahaud, fille du comte Eustache III (frère des rois de Jérusalem, Godefroy de Bouillon et Baudoin II) et de Marie d'Ecosse. Aussitôt après le décès du roi son oncle, il passa en Angleterre, où il reçut la couronne, le 22 décembre 1135, par l'influence de son frère Henri, et au préjudice de Thibaud IV, leur frère aîné, d'une part, ainsi que de Mathilde, veuve de l'empereur Henri V, femme, depuis 1129, de Geoffroy-Martel, comte d'Anjou, et fille du monarque défunt, d'autre part; mais, à l'aide du clergé, auquel il dut promettre de ne saisir aucune dignité de l'église, et d'en soustraire les membres à l'action du bras séculier : la noblesse, de son côté, se jeta dans le parti de Mathilde, et de là procéda, tant en Angleterre qu'en Normandie et en Anjou, une guerre qui ne fut qu'une succession d'avantages et de revers alternatifs entre chacune des parties belligérantes, depuis 1139 jusqu'en 1153, que, par un traité de paix, Etienne-Henri, dégoûté surtout par la perte (en août de la même année) de son fils aîné, qu'il avait associé à son trône l'année précédente, déclara son successeur au royaume d'Angleterre et duché de Normandie, Henri, fils aîné de Geoffroy-Martel, comte d'Anjou, souche des *Planta-genets*, et de Mathilde d'Angleterre, à l'exclusion de *Guillaume de Blois*, son second fils, qu'il obligea de prêter hommage à son spoliateur. Il survécut peu à ce sacrifice, et mourut du 24 au 25 septembre 1154. Il eut de son mariage plusieurs enfans : 1° Eustache de Blois, marié, en 1140, à Constance, fille de Louis-le-Gros, roi de France, et d'Alix de Savoie, couronné roi d'Angleterre, en 1152, du vivant de son père, qu'il prédé-céda, en août 1153, sans laisser d'enfans de son mariage. 2° Guillaume (1) de Blois, comte de Mor-taing et de Boulogne, du chef paternel, seigneur de *Lillebonne* et de *Varennes*, à cause de son épouse Isabelle, fille de Guillaume III, comte de Surrey en Angleterre, fut exclu de la sucession au trône d'Angleterre et au duché de Normandie par le traité de son père, en 1153, et mourut, en 1158, sans enfans : sa veuve épousa Ha-melin d'Anjou, fils naturel du comte Geoffroy. 3° Marie de Blois, abbesse de Romesly, en Angleterre, tirée du cloître pour être mariée à Mathieu, comte de Boulogne, fils de Thierry d'Alsace, comte de Flandres, quitta son époux, en 1169, pour rentrer dans son monastère, et mourut à Montreuil-sur-Mer, en 1181. 4° Humbert, que l'on dit mort jeune : aurait-il quelque rapport avec le Humbert à qui le comte Thibaud V fit crever les yeux après l'avoir vaincu en duel, et remit la confiscation de ses biens, à la prière de saint Bernard? 5° Mahaut, qui périt avec Richard, comte de Chester, son mari, au naufrage du 25 novembre 1120, où furent enveloppés les deux fils de Henri Ier, roi d'Angleterre. 6° Lithuise, mariée par le comte Thibaud, son frère aîné, à Miles II, seigneur de Bray et de Montlhéry, dont elle fut séparée par jugement ecclésiastique. 7° Alix, mariée à Renaud III, comte de *Joigny*. 8° *Aliénor* (selon Dubouchet), première femme de Raoul, comte de Vermandois, qui la répudia en 1142.

(1) Ce Guillaume, fils d'Etienne, roi d'Angleterre, portait : de gueules à trois pals de vair au chef d'or, chargé d'un aigle de gueules membré et becqueté d'azur.

son frère, et se fit moine à Clugny; 3o Agnès, femme de Pierre Ier, roi d'Arragon et de Navarre.

GUILLAUME IX, dit *le Vieux*, né le 22 octobre 1071, succéda aux états de son père, en 1086, à l'âge de quinze ans. Sa faiblesse donna occasion à ses vassaux de se révolter : il fit réédifier, en 1093, le château de *Germond*, pour tenir en respect Ebles et Gilduin l'archevêque, seigneurs de Parthenay, avec lesquels il était en différend; il assiégea; en 1095, celui de Saint-Macaire, en Gascogne, qu'il prit et ruina; secourut les seigneurs de Barbezieux, d'Archiac et de Cosnac, contre Guillaume VII, comte d'Angoulême, avec lequel il avait quelques démêlés à cause des châteaux de Saint-Martial et d'Assises, et auquel il enleva le château de Blaye, qu'il fit abattre. Il se croisa, à Limoges, en 1100, et fut du nombre de ceux qui échappèrent à la per-

bert, mariée à Saumur, en présence de plusieurs barons et nobles du pays d'Anjou, le jeudi, fête de Sainte-Agnès, 21 janvier 1080-81, laquelle paraît n'avoir pas été long-temps sa femme, et peu après se fit religieuse avec pension de son mari. On a tenté vainement de convertir le nom de cette dame en celui de *Châtelaillon :* le P. Anselme *en doute;* l'Art de vérifier les Dates *rejette cette version;* et ici l'on est fondé à en faire autant, d'après deux cartulaires de Saint-Florent de Saumur; 4o en 1089, Bertrade, fille de Simon, seigneur de Montfort - l'Amaury, qui lui fut enlevée, le 4 juin 1092, par le roi Philippe Ier, qui l'épousa du vivant de son premier mari, en 1093, et fut contraint de la répudier en 1095 et 1105. Foulques eut du premier lit Hermengarde, qui épousa en secondes noces Alain-Fargant, comte de Bretagne. Geoffroy, dit Martel, deuxième du nom, fruit du second mariage, fut

AQUITAINE.	ANJOU	CHATILLON de Duchesne.	CHATILLON DE TOURAINE.
XIIe SIÈCLE.	XIIe SIÈCLE.	XIIe SIÈCLE,	XIIe SIÈCLE.
GUILLAUME, Xe du nom, dit le Jeune, comte de Poitiers, duc d'Aquitaine, né, en 1099, à Toulouse, succéda à son père en 1126. Etant alors à la tête d'une puissante armée au secours de Guillaume III, comte d'Auvergne, son vassal, contre le roi Louis-le-Gros, il assiégea Montferrand, et, dans toute cette affaire, joua plutôt le rôle de conciliateur que d'ennemi, au point que le jugement fut renvoyé	GEOFFROY-MARTEL, IIe du nom, assista son père au siège et à la prise de Roche-Corbon; il se brouilla depuis avec lui, parce qu'il le voulait déshériter en faveur du fils qu'il avait eu de Bertrade de Montfort : ils se réconcilièrent en 1104. Geoffroy-Martel se porta ensuite sur Thouars qui fut pris et brûlé; il périt devant Candé, le 11 mai 1106, d'une flèche empoisonnée qu'un soldat, gagné, dit-on, par sa belle-mère Bertrade, lui tira de la place. FOULQUES V, comte d'Anjou, investi de ce comté	Ce GAUCHER II, dont le mariage avec Ade de Pierrefons est plus que problématique, paraît avoir été père de : GUY II, de Chastillon, qui tint un rang distingué à la cour de Henri, comte de Champagne, dit le Large, s'y montra digne de son nom, et fut marié, avant 1160, avec A-lix, fille de Robert, comte de Dreux, et de Harvoise de Sarisbery, et mourut vers 1170,	(1104.) PIERRE DE CHASTILLON souscrit une charte recognitive du don fait à l'abbaye de Marmoutier de vingt-deux églises y énoncées. (1104.) GUILLAUME (1), chevalier, seigneur de Chastillon, mentionné dans un bref de commission du pape Pascal II, adressée à l'archevêque de Bordeaux et aux évêques de Poitiers et de Saintes, pour terminer les démêlés que les religieux de l'abbaye de Montierneuf avaient avec ce chevalier, Guillaume de Mirebeau, la femme et les fils d'Albert de Talamond, lesquels avaient envahi les terres d'Aragra (mot altéré), d'*Agreciacum* (d'Agressay, près Mirebeau) et de *Garrigia* (de

(1) Ce Guillaume, chevalier, seigneur de Chastillon, est évidemment le même que celui qui figure, vers 1065, dans une donation des églises de Sauves, par Robert de Chastillon, et que tout fait présumer fils dudit Robert (*Vid.* Robert de Chastillon). Guillaume de Mirebeau était fils d'Arbert de Saint-Jouin et de Thomasse Borel. Mirebeau était alors une seigneurie indivise entre plusieurs maisons.

AQUITAINE.

fidie de l'empereur grec d'Orient. A son retour dans ses états, il eut guerre, en 1111, avec Simon l'archevêque, sire de Parthenay, laquelle se réveilla en 1118, et le fit prisonnier le 9 août de la même année. Il passa en Espagne, en 1119, pour secourir le roi d'Arragon : de retour en Poitou, il se rendit maître absolu du château de Parthenay, le 28 mars 1122, après le décès de Simon l'archevêque, et mourut le 10 février 1126. Il eut aussi trois femmes. La première, Ermengarde, fille de Foulques le *Réchin*, comte d'Anjou, et de Hildegarde de Beaugency, sa première femme; elle fut répudiée, vers 1090, sans enfans, et se retira près d'Alain-Fergant, comte de Bretagne, qui l'épousa et en eut postérité. La seconde, Mahaut, comtesse de Toulouse, nommée Philippe dans quelques chroniques, mais Mathilde, en 1096, dans une charte de l'abbaye de Vendôme et autres pièces, fille et héritière de Guillaume V, comte de Toulouse, et d'Emme de Mortaing, sa seconde femme, fut mariée vers 1094, gouverna les états de son mari pendant le voyage qu'il fit à la Terre-Sainte, et fut répudiée à son retour, quoique mère de huit enfans : 1º Guillaume X, qui suit; 2º Raymond, prince d'Antioche; 3º Henri, moine de Clugny; 4º Mahaut, *aliàs* Agnès, mariée, 1º à N....., vicomte de Thouars; 2º à Ramire, roi d'Arragon; quatre filles non nommées, dont une épousa Raoul de Faye (selon Catel et Besly). La troisième femme de Guillaume IX fut Hildegarde, qui fut répudiée à son tour, et s'en plaignit au concile de Reims, en 1119, d'autant que son mari ne l'avait abandonnée que pour épouser Maubergeon, femme du vicomte de Châtellerault.

ANJOU.

tué, le 19 mai 1106, au siége du château de Candé. On ne connaît aucune postérité du troisième lit; du quatrième sortit Foulques, qui suit.

COMTES DE BLOIS.

XIIe SIÈCLE.

THIBAUD V, dit le Grand, comte palatin, de Champagne et de Brie, par cession ou vente du comte Hugues, son oncle; et de Blois et de Chartres, par la préférence qu'il obtint sur son frère aîné, fut, en 1107, armé chevalier dès l'âge de vingt-cinq ans, et entraîné dans la ligue des principaux seigneurs de l'Ile-de-France contre le roi Philippe Ier, à cause de la dissolution du mariage de Louis-le-Gros, son fils, avec Lucienne, fille de Guy, comte de Rochefort. Louis étant monté sur le trône l'année suivante, Thibaud s'en rapprocha et l'accompagna à la conférence qui eut lieu, en 1113, relativement à la place de Gisors, entre les monarques français et anglais, qui n'aboutit qu'à une guerre de deux ans, dont la Normandie eut beaucoup à souffrir, en 1114-15, et pendant laquelle le rebelle seigneur du Puiset, devenu le plus cruel ennemi de Thibaud, depuis qu'il s'était séparé de la faction, ravagea ses terres et celles de la comtesse de Chartres, sa mère : le roi dut suppléer à l'insuffisance de ses forces, et le secours fut si efficace, qu'en 1118 le château du Puiset fut emporté et rasé; mais cet avantage fut plus onéreux qu'utile au comte de Blois, qui, séduit par l'importance de ce poste, et peut-être fort de son parentage avec Henri Ier, roi d'Angleterre, en refusa la remise à Louis-le-Gros, et s'unit à la cause de Henri dans la campagne terminée en 1119, sans autre résultat que le

BLOIS ÉPARS.

XIIe SIÈCLE.

(Vers 1100.) ROBERT DE BLOIS, noble seigneur de Chinon, seigneur de Champigny-sur-Veude, fils de Gosselin de Blois, conjointement avec Hersende, sa femme, veuve de Peloquin, seigneur de l'Isle-Bouchard, et Peloquin, fils de ces derniers, firent don, vers 1100, à l'abbaye de Noyers, de l'église de Champigny-sur-Veude, avec toutes ses dépendances, revenus, etc., et d'un four sis dans ledit fief, dont ledit Robert était seigneur. Les souscripteurs, outre les donateurs, furent Garnier Maingoth, neveu de Robert de Blois (ce Garnier Maingoth souscrit, vers 1095, dans une charte avec Guer-

MARCONNAY.

XIIe SIÈCLE.

(Vers 1120.) GAUTIER DE MARCONNAY souscrit une charte, vers 1120, par laquelle Jacquelin de Maillé, conjointement avec ses frères, Barthelomée et Gelduin, concédèrent à l'abbaye de Noyers tout ce qu'un particulier, nommé Gulfran, tenait de leur fief, situé entre la Creuse et la Vienne. Les témoins présens à la donation, outre Gautier de Marconnay, furent: Geoffroy, fils de Peloquin de Sainte-Maure, Barthélemy des Ormes, Foucaud Borel, Étienne Gigul, Clarenbaud, fils de Hugues Clarenbaud; Ganelon de Chastillon et Ganelon son fils, Gervais de Loches, Hugues de Vai-

AQUITAINE.

au conseil du roi. Il eut aussi, pour le comté de Toulouse, un différend avec Alphonse, fils de Raimond, comte de Saint-Gilles, lequel fut accordé par l'entremise d'Alphonse VII, roi de Castille, beaufrère de Guillaume. Gefforoy V, comte d'Anjou, implora son secours, en 1136, pour l'aider à se mettre en possession de la Normandie, après la mort de Henri, roi d'Angleterre. Guillaume fit tant de ravages dans ce duché, que, pour les expier, et réparer en même temps le scandale et le mal précédemment occasioné par lui à l'église, en soutenant le chisme de l'anti pape Anaclet et du pape Innocent II, il se condamna à faire le pèlerinage de Saint-Jacques en Gallice; mais, avant d'arriver à Compostelle, il mourut, le 9 avril 1137, à peu de distance de cette ville, après avoir fait un testament où il instituait héritière, Aliénor, sa fille aînée, à charge d'épouser Louis VII, 101 de France, dit le Jeune. Il laissa du mariage qu'il avait con-

ANJOU.

par le roi Philippe Ier, en 1106, en prit possession en 1109, après le décès de son père, et faisait partie de la cour de ce monarque; le duc d'Aquitaine, chargé par Philippe d'accompagner le jeune Foulques dans ses états, le conduisit en Poitou, et, par une perfidie insigne, l'y retint prisonnier jusqu'à ce qu'il en eût arraché certains châteaux qui étaient à sa convenance. En 1110, Foulques hérita du Maine par la mort du comte Hélie, son beau-père, et, la même année, il en fit hommage à Henri Ier, roi d'Angleterre et duc de Normandie. En 1118, sollicité par le roi Louis-le-Gros de l'assister contre le roi d'Angleterre, exigea, pour préalable, qu'on lui fît raison du grand office de sénéchal de France, dont d'autres que le comte d'Anjou étaient investis, et il fut rétabli dans ses droits : en conséquence, il marcha contre le roi d'Angleterre, qu'il défit près de Moitaing, en décembre de la même année. En 1120, il partit, le 26 avril, pour la Terre-Sainte, dont, en 1121, il était de retour, et fonda, le 14 septembre, l'abbaye de Loroux; en 1129, il retourna à Jérusalem; il y fut couronné roi le 14 septembre 1131, et, après un règne de onze ans et deux mois, mourut le 13 novembre 1142. Il fut marié deux fois : 1o en 1110, à Eremburge, fille

CHATILLON
de Duchesne.

après avoir fait du bien à plusieurs églises, entre autres à celle de Marmoutier, laissant trois fils : 1o Gaucher III, qui suit; 2o Guy, seigneur de Montjay, tué au siége d'Acre, en 1191, sans postérité ; 3o Robert, évêque de Laon, élu en 1209, mort en 1215; 4o, 5o; 6o trois filles, mariées en haut lieu.

GAUCHER III (1), de Chastillon, comte de Saint-Paul (en Artois) du chef de son épouse, seigneur de Châtillon, de Montjay, etc. du chef paternel, s'attacha aussi à la cour de Champagne. Il se croisa, en 1189, avec le roi Philippe-Auguste; à son retour, il fut fait sénéchal de Bourgogne par le duc Eudes III; peu après, le comte Thibaud III le gratifia de la Bouteillerie de Champagne; le roi lui confia le commandement de l'armée qu'il envoyait au secours de Juhel, seigneur de Maïenne, à la tête de laquelle il prit, vers 1110, le fort château du Guesclin, dissipa les mécontens, et chassa

CHASTILLON DE TOURAINE.

la Jarrie), appartenant à ladite abbaye.

(Vers 1109.) GANELON DE CHASTILLON, témoin avec Gosselin et Hugues de Sainte-Maure, Guillaume de Blois, etc., d'une donation faite à Etienne, abbé de Noyers, par Geoffroy Peloquin, qui avait épousé Villana, fille d'Aimery de Montrésor. (Voy. Guillaume de Blois, an 1109.)

(Vers 1110.) GANELON de Chastillon et Geoffroy, son chevalier, témoins d'une donation faite à l'abbaye de Noyers par Rainald Oggise, d'une portion de terrain qu'il avait à la Chassaigne (Cassana). Benoît d'Avon (de Avone) avait aussi cédé sa portion de terrain audit lieu.

Il paraît que cette terre était du fief de Guillaume MARCONNI (ou MANCANNI), et qu'il la céda, du consentement de Milesende, sa femme, et de ses fils Philippe, Jacquelin et Pierre, et de leur sœur Milesende. Guillaume reçut en conséquence vingt sols en deniers, en présence de Pierre, archiprêtre de Preuilly; de Guillaume Raoul, de Foulques de Cancellis, de Hubert d'Amboise, etc.

(1110.) GANELON DE CHASTILLON (de Castelluns), Geoffroy Peloquin, Guillaume de Blois, Geoffroy Boëth, Barthélemi de la Mote, etc., témoins d'une donation faite, en 1110-11, à l'abbaye de Noyers, par Hugues de Sainte-Maure, d'abord de l'église de Sainte-Maure, et ensuite de la dîme d'Anzay, appar-

---

(1) La maison de Châtillon-sur-Maine portait anciennement, en l'an mil cent nonante-six, de Blois ou Châtillon, qui est : de gueules à trois pals de vair au chef d'or, écartelé de Moirel qui est semé de France au lion naissant d'argent, sur le tout de Champagne, qui est d'azur à la bande d'argent, à deux doubles cottices potencées et contre-potencées d'or de 13 pièces.

COMTES DE BLOIS. | BLOIS ÉPARS. | MARCONNAY.

saccagement de la ville et comté de Chartres, et la destruction de l'abbaye de Bonneval, et la reprise, en 1120, de cette guerre, qui ne cessa qu'en 1125, par le décès de l'empereur Henri V, qui en avait été l'instigateur, et par la réunion du comte au parti du roi. Depuis, Thibaud se contint quelque temps, mais, vers 1129, il donna du secours à Etienne de Garlande et Amaury de Montfort, qui voulaient, contre le vœu du roi, rendre héréditaire dans leur maison le grand office de sénéchal de France : le roi suspendit leurs progrès en marchant contre le château de Livry, dont la prise arracha le désistement des deux prétendans, et livra leur auxiliaire au ressentiment du monarque, qui fit de nouveau incendier l'abbaye de Bonneval, et raser la place de Châteaurenard. Vers 1135, Louis-le-Gros, sentant décliner sa santé, s'occupa soigneusement d'assurer la paix de sa cour et de son royaume, et, pour cet effet, convoqua une assemblée de ses principaux barons, en laquelle il réconcilia le comte Thibaud V et Raoul, comte de Vermandois, seigneur de Péronne, et leur rendit ses bonnes grâces. En 1135, la mort du roi d'Angleterre Henri Ier, ouvrit la succession de ce trône aux maisons d'Anjou et de Blois ; Etienne de Blois, comte de Mortaing et de Boulogne, son neveu, favorisé par le clergé, l'obtint, en prévenant toutes mesures d'opposition de la part de Thibaud, comte de Blois, son frère aîné, comme lui petit-fils du monarque défunt, et même de celle de Mathilde, veuve de l'empereur Henri V, alors épouse de Geoffroy V, comte d'Anjou, qui en était la fille. Le comte Thibaud fut forcé de comprimer son ressentiment, et de chercher à se compenser sur la Normandie de l'avantage pris sur lui en Angleterre par son frère puîné ; Mathilde et le comte son mari, prévenus encore davantage, eurent, l'une à se faire un parti de la noblesse, l'autre à conquérir la Normandie, que défendait Guillaume, fils puîné, héritier du roi Etienne, et désinvesti de sa succession par le traité de 1153. De là une guerre civile qui désola, pendant huit ans, les contrées respectives des contendans. Thibaud fut appaisé, en 1137, par Etienne, moyennant la promesse d'un revenu annuel de 2,000 marcs d'argent, par forme d'indemnité. La même année eut lieu le mariage de Louis-le-Jeune, déjà associé au trône de France dès 1131, avec Aliénor, fille aînée et principale héritière de Guillaume X, dernier duc d'Aquitaine, et d'Aénor de Chatelleraud ; les comtes Thibaud de Blois et Raoul de Vermandois furent choisis pour accompagner, avec une escorte de plus de cinq cents chevaliers, et un cortége de plusieurs personnages de haute distinction, le futur époux et son conseil, composé de Suger, abbé de St.-Denis, ministre d'état, et Pierre-le-Vénérable, abbé de Cluny. Les

mond et Herbert de Chastillon. V. Chastillon), et beaucoup d'autres.

(Vers 1103.) ROBERT DE BLOIS, seigneur de Champigny-sur-Veude, fit encore don à la même abbaye de Noyers d'un moulin sis à Champigny, sous la réserve usufruitière de la moitié des revenus dudit moulin, sa vie durant et celle d'Hersende, son épouse. Les témoins de l'acte furent Peloquin, beau-fils de Robert de Blois, Hugues Viguier, Robert, Ulric (*forté* de Noastre.(Voy.Chastillon, vers 1095), et autres. La donation fut en outre confirmée, 1° par Garnier Maingoth et Gouffier son frère, neveux de Robert de Blois ; 2° par Giroir, fils de Gautier Giroir (de Loudun), et 3° par Payen de Poitiers, en présence des témoins suivans : Arnaud Peloquin, Hugues Vaslin, Hubert de Pouant, Giroir de Marigny, et autres.

(Vers 1105.) ROBERT DE BLOIS, seigneur de Champigny, confirme une donation faite par un nommé Mainard de Langeais, d'une vigne qui dépendait du fief de Peloquin, beau-fils de Robert, et qui était située à Saint-Patrice. — Dans le titre, il est dit que les moines, voulant avoir la paix avec Robert, relativement à la contes-

ret, Yal de l'Isle, Lombard de Saint-Espain, Etienne de Montsoreau, Jean d'Alluye, et autres.

(Vers 1126.) REGNAUD DE MARCONNAY souscrit, vers 1126, à une donation faite au chapitre de Saint-Hilaire de Poitiers, entre les mains d'Arnaud, chanoine dudit chapitre, et préposé à Cuhon (près Marconnay), par Pierre de Monz (Mons, près Marconnay) et ses trois frères, Aimery, Guillaume et Bérold. Les témoins, outre Renaud de Marconnay, furent Pierre de Chastillon, Aibert de Maiçay, Guillaume de la Chaussée, Martin de Flurgnec, Payen de Saumur, Boter de Luzay (près Thouars), Guillaume Buffanelle, Bar de Faye (la Vineuse), Pierre Samuel, Renaud d'Alènes (près Thouars). (V. Chastillon, article de Pierre de Chastillon.)

(Vers 1128.) RENAUD DE MARCONNAY figure au nombre des souscripteurs d'une charte de 1128, concernant une donation faite au chapitre de Saint-Hilaire, de biens situés près de Luzay, où cette collégiale avait beaucoup de possessions. Les témoins, outre Renaud de Marconnay, furent Boter de Luzay, Guillaume Buffanelle, Renaud d'Alônes,

6

AQUITAINE.

tracté , vers 1120 , avec Aénor, sœur de Hugues II, vicomte de Châtellerault, un fils nommé Guillaume , mort sans lignée en 1133, et deux filles : la première, Aliénor , comtesse de Poitiers, duchesse d'Aquitaine, qui suit ; la deuxième, Alix, dite aussi Pernelle, mariée à Raoul, le Vieux ou le Grand, comte de Vermandois. La seconde femme de Guillaume fut Emme, fille d'Adémar IV, vicomte de Limoges : s'il est vrai qu'il l'épousa en secondes noces, il n'en eût point d'enfans.

ALIÉNOR, comtesse de Poitiers, duchesse d'Aquitaine, mariée, 1º en août 1137, à Louis, roi de France, VIIᵉ du nom, dit le Jeune, n'avait eu que deux filles : Marie, qui fut accordée à Henri Iᵉʳ, comte palatin de Champagne, de la maison de Blois, et morte de déplaisir d'avoir perdu son fils aîné, le 11 mars 1198, à l'âge de 60 ans ; Alix, née au retour du voyage d'outre-mer, laquelle fut mariée, en 1174, à Thibaud, dit

ANJOU.

unique et héritière d'Hélie, comte du Mans, et de Mathilde, dame du château du Loir. Elle mourut en 1126, mère de deux fils et de deux filles. 2º en 1129, à Mélisende , fille de Baudouin II, roi de Jérusalem, cousin-germain de Godefroy de Bouillon et de Morfie de Mételin, en Arménie ; laquelle mourut le 12 septembre 1160. Elle eut deux fils, qui furent successivement rois de Jérusalem, Baudouin III, et A-maury.

Enfans du premier lit : 1º Geoffroy VI, dit *Plantegenest*, qui suit ; 2º Hélie, qui reçut en partage le comté du Mans, dont n'étant pas satisfait, il prit les armes contre son frère qui, l'ayant fait prisonnier, l'envoya à Tours, où il fut long-temps détenu ; il mourut le 15 janvier 1151, laissant de Philippe, fille de Rotrou II, comte du Perche, et de Mathilde, bâtarde d'Angleterre, sa première femme, une seule fille, Béatrix d'Anjou, femme de Jean Iᵉʳ, comte d'Alençon ; 3º Mathilde d'Anjou, mariée à Lisieux, en juin 1119, à l'âge de douze ans, à Guillaume, dit Adelin, duc de Normandie, fils unique et héritier présomptif du roi d'Angleterre, Henri Iᵉʳ, et de Mahaut d'Ecosse, lequel périt en mer, le mardi 25 novembre même année, en faisant la traversée de France

CHATILLON
de Duchesne.

les Anglais de la Bretagne. En 1214, il se signala à la bataille de Bouvines, où il commandait l'arrière-garde, et on le trouve premier nommé au traité de trèves passé à Chinon entre les rois de France et d'Angleterre, avec Robert d'Alençon , Guy de Dampierre, Guillaume des Barres, Guillaume de Chauvigny, Thibaud de Blason , Bouchard de Marly, Juhel de Maïenne , Hugues de Bauçay , Guy Senebaud, Amaury de Craon, et Girard *Belois* (*forté* Blois), barons, garans pour le roi, dont les deux tiers, possessionnés à l'ouest et au sud de l'Anjou, avaient le même intérêt que Gaucher de Châtillon à l'entretien d'un traité qui était la sauvegarde de leurs propriétés. Il se croisa une seconde fois , vers 1218, pour la Terre-Sainte, avec le jeune Henri II, comte palatin de Champagne ; enfin une troisième fois, contre les Albigeois, avec le prince Louis, fils aîné du roi, et mourut dans cette expédition, après a-

CHATILLON DE TOURAINE.

tenant à cette église : don confirmé par Hugues de Sainte-Maure, son petit-fils, issu de Gosselin son fils.

(1113.) GANELON (1) DE CHASTILLON. Confirmation par Gautier, trésorier de Saint-Martin de Tours, du don fait par ledit Ganelon à l'abbaye de Noyers, de l'église et terre de Poizay. Témoins, de la part de Gautier : Josbert, archidiacre du Mans ; Geoffroy de Valeia, son frère ; Benoît , écuyer ; Benoît , son sénéchal ; Hilgod de Vendôme, Martin de Azay ; et de la part de l'église de Saint-Martin : Gérard Choëta, Pierre de Montbazon, et Geoffroy, son frère ; *Goriard* de *Chastillon*, Corbelle de la Aia.

(1114.) Le même GANELON DE CHASTILLON, paraît, en 1114, dans une charte d'Eudes, doyen de Saint-Martin de Tours, confirmative du don de ladite terre de Poizay.

(Vers 1115.) GANELON DE CHASTILLON (le même) profite de l'arrivée du comte d'Anjou à l'abbaye de Noyers, pour prier de prendre sous sa protection et perpétuelle défense le don fait par lui Ganelon, à ce monastère, de l'église, dîme et terre de Poizay. Cette grâce est accordée à sa considération, en présence de Robert de Blois, Arnulphe de Montgommery, Bausson de Vihiers, Robert de Buzançay, Borel de Lisle, Sanson de la Mare, Giroir de Loudun , Gosselin Roognard ; Achard de Boise, Payen de Romenol, Simon de Bernezay, Renaud de Villeneuve, Payen de Clairvaux, Geoffroy Peloquin , Pierre Gosselin , Renaud

(1) Cette confirmation du don de Pouzay, ou Poizay-le-Joli , par Gauthier, trésorier de Saint-Martin de Tours, par Eudes , doyen dudit chapitre, et par le comte d'Anjou, prouve évidemment de plus en plus tout ce qui a été dit à ce sujet en tête de la colonne de Châtillon de Touraine, d'Anjou et Poitou. (V. la colonne.)

COMTÉS DE BLOIS.

époux étaient à peine arrivés dans le même ordre à Paris, que le roi Louis-le-Gros ferma les yeux. Les trois premières années du nouveau règne furent assez paisibles ; mais le refus fait par le comte Thibaud, en 1140, d'accompagner le jeune roi dans son expédition d'Aquitaine, fit éclore entre eux une brouillerie exaspérée par deux événemens successifs, que cette disposition d'esprits faillit rendre très-funestes à la France : l'un fut la scission du clergé de Bourges au sujet de l'élection du successeur de l'archevêque Alberic, décédé en 1138 ; un parti portait le nommé Cadurc, créature du roi, un autre portait Pierre de la Châtre, qui, parent d'un chancelier de l'église romaine, était appuyé par le pape Innocent II, qui, sans égards pour le vote du roi, priva Cadurc de tout honneur ecclésiastique. Louis défendit au protégé du saint-père d'entrer sur ses terres, et jura solennellement de persister jusqu'à la mort dans cette défense ; le pape lança l'interdit sur tous les lieux de la France habités par le roi ; le comte Thibaud, à la sollicitation des ecclésiastiques, ouvrit au prélat, proscrit par Louis, un asile dans ses domaines. A cette alarmante situation concourut l'événement qui suit : Raoul Ier, comte de Vermandois, mari d'Aliénor de Blois, nièce du comte Thibaud, même avant le traité du mariage de Louis-le-Jeune avec l'héritière d'Aquitaine, avait rapporté du voyage de Bordeaux l'intention d'épouser Alix, aliàs Pétronille, sœur puînée de cette princesse, et, pour y parvenir, se pourvut en répudiation de son épouse actuelle ; il réussit, en 1142, sous le prétexte banal de parenté, par l'influence du roi et la connivence de trois évêques ; de son côté, le comte Thibaud, appuyé de St.-Bernard, de Pierre, abbé de Cluny, et de quantité d'autres prélats attachés au saint-siége, défendit la cause de sa nièce, et avec un tel succès, que Yves, légat du pape, cassa la sentence de dissolution, suspendit les trois évêques qui l'avaient prononcée, et excommunia Raoul de Vermandois. Louis, outré de ces avantages de Thibaud, ne garda plus aucune mesure, et, s'abandonnant à toute l'impétuosité de son caractère, souleva contre lui, non-seulement plusieurs des barons du royaume, mais encore une partie de ses vasseaux ; ravagea impitoyablement ses possessions, entre autres Vitry, dont il brûla l'église avec 1,300 personnes qui s'y étaient réfugiées : l'incendie, les meurtres, le pillage même des choses sacrées, accompagnèrent tous ses pas, jusqu'à ce qu'enfin les clameurs des victimes, les représentations des papes Célestin et Luce, de St.-Bernard et autres grands personnages du clergé et de l'état, même du sage abbé Suger, son premier ministre, et surtout le cri de sa propre conscience, eussent amené la paix et la cessation de ces barbares hostilités, en expiation desquelles

BLOIS ÉPARS.

tation existante pour l'objet donné, prirent l'avis et conseil des leurs et de leurs amis, qui tous leur conseillèrent de n'avoir aucuns démêlés avec un homme aussi puissant et si redoutable (*ne cum tam forti viro placitarent*). — Les témoins de l'acte furent : Ganelon de Chastillon, Albert *Esperuns*, Albert de la Vallée, Benoît des Forges, Arnoul Chillos, Rainaud de l'Isle, Guillaume de Rivière, Normand de Sésanne, Robert de Lavardin, Mathieu de Bresme, et autres.

(Vers 1106-7.) ROBERT DE BLOIS intervient dans une donation à l'abbaye de Noyers, que fit, vers 1106-7, Philippe, fils de Gislebert-le-Roux, d'autant de terrain, sis à Saint-Patrice, que deux bœufs pourraient en labourer pendant les deux saisons. Les témoins de l'acte furent Garnier Maingoth, Aimery de Gentilly, Arnoul Chillos, Landry de St.-Patrice, Geoffroy *Esperuns*, Gosselin de Boscée, Geoffroy de Semblançay, et autres : la donation fut confirmée par Mathieu, frère de Philippe.

(Vers 1107.) ROBERT DE BLOIS, Hersende, sa femme, Peloquin, leur fils et beau-fils, confirmèrent la donation faite à l'abbaye de Noyers, par Mathieu, frère de Philippe, tous deux enfans de Gislebert-le-Roux, de tout ce qu'il lui appartenait à Saint-Patrice, soit en dîmes, revenus, etc. Les témoins furent Enguerrand de Saint-Patrice, Bartholomée, seigneur de l'Isle, et Gerberge sa femme, Normand de Sésanne, Geoffroy de Semblançay, et beaucoup d'autres.

(Vers 1109.) ROBERT DE BLOIS confirma, comme seigneur du fief, une donation faite, vers 1109, à l'abbaye de Noyers, par Hugues Rigaud, consistant en une dîme sise dans le territoire de Champigny-sur-Veude. L'acte fut passé et confirmé à Chinon, dans le cloître des chanoines de St.-Mesmes, en présence de l'abbé Etienne, et autres.

(Vers 1110.) ROBERT DE BLOIS intervient comme témoin dans une confirmation de donation par tous les enfans de Rainaud Maingoth (beau-frère de Robert de Blois), savoir : de Garnier, Goslen, Gouffier et Foucher, tous neveux dudit Robert. La donation avait été faite par Kadilon, fils de Boson de Forniols,

MARCONNAY.

Arbert de Marçay, et autres.

AQUITAINE.

le Bon , comte de Blois, grand-sénéchal de France , et vivait encore en 1183 ; 2º le 19 mai 1152, à Henri II, roi d'Angleterre. (*Voy.* article Henri II, *Anjou.*)

ANJOU.

en Angleterre : la princesse, qui était dans un autre vaisseau, avec le roi son beau-père, fut sauvée; elle resta quelques années en Angleterre, et revint en Anjou, où elle prit le voile à l'abbaye de Fontevrauld, après dix ans de veuvage ; elle en devint abbesse après la mort de Pétronille de Chemillé, première abbesse, qui eut lieu le 24 avril 1150. Mathilde y mourut en 1154; 4º Sibylle d'Anjou, accordée , en 1122 , à Guillaume, dit Cliton, fils de Robert dit Courteheuse , duc de Normandie. Le mariage n'eut pas lieu, pour cause de parenté. Elle se maria, en 1130, avec Thierry d'Alsace, comte de Flandres, qu'elle suivit à la Terre-Sainte , où elle se fixa malgré son mari, et se fit religieuse en 1158.

GEOFFROY , VIᵉ comte d'Anjou, premier du nom de Plantagenest, né le 24 août 1113 , armé chevalier à Rouen, par le roi d'Angleterre, le 2 juin 1129 ; investi du comté d'Anjou, la même année , par son père, partant pour la Terre-Sainte; fit ses premières armes contre le château de Parthenay, et en 1130 contre celui de Mirebeau. Henri Iᵉʳ, roi d'Angleterre, son beau-père, lui avait fait espérer le duché de Normandie ; mais Geoffroy s'étant aperçu que ce monarque penchait plus du côté des enfans de sa sœur que du côté de sa fille Mathilde, entra dans ce duché, à main armée, dès 1134. Henri étant mort en 1135, Etienne de Blois-Champagne, comte de Mortaing et de Boulogne, son neveu, surprit la couronne d'Angleterre le 26 décembre, vingt-quatre jours après le décès du roi, son oncle : le comte d'Anjou, à qui appartenait la préférence, acheva de se rendre maître de la Normandie, tandis que son épouse disputait l'Angleterre au comte de Blois (V. Blois). Geoffroy fut solennellement déclaré duc de Normandie , en 1144; il céda ce duché à son fils aîné, en 1149, année en laquelle il eut différend avec Gérard de Berlay, et l'assiégea dans son château de Montreuil : s'étant rendu maître de la place, il retint Gérard prisonnier, et refusa de lui rendre la liberté, malgré l'ordre du roi; d'où il résulta une guerre avec ce monarque, qui dura peu, Gérard ayant été relâché. Geoffroy mourut au château du Loir, le 7 septembre 1151. Il avait épousé, en mai ou juin 1125,

CHATILLON,
de Duchesne.

voir testé. Il avait épousé, en 1196, Elisabeth, fille aînée et héritière de Hugues Candavene, comte de Saint-Paul, et d'Yolande de Hainault , qui fut mère de , 1º Guy III , comte de Saint-Paul, qui , s'étant croisé, vers 1226, contre les Albigeois, avec le roi Louis VII, mourut jeune au siége d'Avignon, ne laissant d'Agnès, fille de Hervé III, seigneur de Donzy, de Saint-Aignan , etc. , et de Mahaut de Courtenay, qu'il avait épousée vers 1220, qu'un fils et une fille : (*a*) Gauchier, *aliàs* Gauthier, comte de St.-Paul, seigneur de Saint-Aignan , qui accompagna le roi saint Louis à la croisade de 1249, et, avant son départ, donna au chapitre de Saint-Martin de Tours une rente de dix muids de seigle , sur des terrages de la châtellenie de Saint-Aignan, et sa *dîme des novales*, en la paroisse de Chastillon-sur-Cher. Il fut tué en Egypte, le 14 mars 1250, à la bataille de Damiette, et ne laissa point d'enfans du mariage qu'il avait contracté, en 1226, avec Jeanne de Boulogne. (*b*) Yolande, femme d'Archam-

CHATILLON DE TOURAINE.

Barba , Christophe de la Boisière, etc.

(Vers 1117.) GANELON DE CHASTILLON cède à Gaudin, abbé de Noyers-l'Avouerie (Vohetariam), de tout ce qu'il avait donné à cette abbaye , et déclare s'en constituer le protecteur et le vengeur envers quiconque s'élèverait contre cette disposition.

(1120.) GANELON DE CHASTILLON et Ganelon de Chastillon, son fils, témoins (7ᵉ et 8ᵉ) avec Peloquin de Sainte-Maure, Barthélemi des Ormes, Fulcod Borel, Etienne Gigal, *Gautier* de *Marconnay*, Clarembaud, fils de Hugues Clarembaud, Gervais de Loches, Hugues de Vairet, Yeal de l'Isle-Bouchard, Limbard de Saint-Espain, Jean d'Aluye, etc. (Voy. Marconnay.)

(1124.) GANELON DE CHASTILLON intervient, de la part de Raoul, sire de Beaugency, avec Gervais , sénéchal du comte d'Anjou, et autres, à un acte passé à Tours, dans la tour comtale, le 24 décembre 1124, par Foulques V, dit le Jeune, comte d'Anjou, la comtesse Arenburge et Geoffroy, leur fils aîné, concernant une donation relative à Vendôme, et à la succursale du couvent.

(1126.) PIERRE DE CHASTILLON , présumé chanoine, témoin avec Arbaud, prévôt de Cuhon, Mᵉ Arnaud Quinerit, Thibaut Basan , Arbeit de Marçay, Aimery Agulhon (*Aculeus*), Guillaume et Payen de la Chaussée, Boter de Luzay, Payen de Saumur, Reginald (Regnauld) de *Marconnay*, Robert de Gauteri, Martin de Fluzgnec , Guillaume Buffanelle, Bar de Faye-la-Vineuse,

COMTES DE BLOIS.

le roi conduisit 60,000 hommes à la croisade de 1147, d'où il ne revint qu'à la fin de 1149. Thibaud, septuagénaire et usé de fatigues, eut assez à faire de réparer les maux faits à ses états par le roi; de régler un différend sérieux avec Raoul, sire de Beaugency; de réprimer les entreprises de Sulpice d'Amboise sur son comté de Blois, que cet inquiet voisin désolait depuis long-temps par toutes sortes d'excès, mais qu'avant d'arriver au terme de sa carrière il vit tomber en son pouvoir avec ses deux fils et Geoffroy, fils du comte d'Anjou, par la trahison de leurs hommes, par la victoire qu'en 1149 l'armée blaisoise remporta sur Henri, duc de Normandie, depuis roi d'Angleterre, II⁰ du nom, duc d'Aquitaine et comte d'Anjou, qui lui disputait la seigneurie de Freteval, en Dunois. Vers 1151, sentant sa fin approcher, il prit l'habit de Clairvaux, et mourut à l'abbaye de Lagny-sur-Marne, où il fut inhumé le 8 ou 10 janvier, aliàs 8 juillet 1152. Ce prince fut doué de grandes qualités : forcé de marcher avec son siècle, il déféra souvent aux avis des moines, mais sans y asservir son jugement, et il leur résista souvent, surtout dans l'affaire du malheureux Humbert, et dans celle de la nomination des dispensateurs (par lui créés en sa cour) des bienfaits qu'il se plaît à répandre en chacun de ses états, sans rétribution aucune, sur les malheureux et indigens de tout sexe, dans les temps de famine, et dans les cas d'incapacité ou d'absence de travail; les lépreux même étaient nourris de sa table; il dota plusieurs hospices, concourut, avec sa mère, dès 1114 et 1118, à la fondation de deux abbayes en Champagne et Brie; fonda seul, en 1129, celle de l'Aumône, en Dunois; accrut, en 1124, 1126 et 1127, la dotation de plusieurs abbayes collégiales, prieurés et églises de Champagne, de Brie, de Gâtinais, de Soissonnais, et même de Vivarais, mais plus largement encore en 1122 et 1132, aux églises de Marmoutier et de Bourgmoyen, à Tours et à Blois, où fut le berceau de sa maison; ami des lettres, enfin, il intervint, en 1128, au concile de Troyes, où fut donnée la règle des chevaliers du Temple, et, en 1140, à celui de Sens, où Abailard, qu'il avait soustrait aux persécutions et réfugié, pendant dix-neuf ans, en son château de Provins et prieuré de Saint-Ayoul, fit appel de la condamnation de ses écrits sur le dogme de la Trinité. Il avait épousé, en 1123, selon le choix, par lui exigé, de Saint-Norbert, Mahaut, fille aînée d'Engelbert III, duc de Carinthie et marquis de Frioul, laquelle lui survécut, fit plusieurs dons à l'abbaye du Paraclet, au diocèse de Troyes, fondée vers 1128, pour hommes, par Abailard, et consacrée, par l'abbé Suger, à l'usage des femmes, et mise, vers 1130, sous le gouvernement d'Héloïse, laquelle y fit transporter et inhumer les

BLOIS ÉPARS.

qui concéda à l'abbaye de Noyers tout ce qu'il possédait dans le fief de Champigny jusqu'à la Roche-Clermau. Les témoins, outre Robert de Blois, furent Séebrand, Foucher de Messemé (de Maximiaco), Payen de Brizay, Guillaume de Rivière, Bernier de Champigny, Othon de Larthay, Geoffroi de Gant, Geoffroy de Veloo (fortè Velours, fief aux environs de Marconnay); Arnoul Chillos, Etienne et Etienne Chillos son fils. — Garnier Maingoth ratifia cet acte, à l'île Bouchard, en présence de Boson, vicomte de Châtelleraud; de Gautier Poteruns, Adhémar de Curzay, Geoffroy fils de Savary, Fulbert de Luiens (fortè Luaams), et autres.

(Vers 1111.) ROBERT DE BLOIS souscrit, comme témoin, dans une donation faite par Geoffroy Marcanni (fortè Marconnay) du consentement de ses frères Guillaume et Archambaud, d'une terre qu'il avait dans la paroisse de Nancré, (près Châtelleraud). — Les témoins, outre Robert de Blois, furent Ferbot, neveu dudit Robert; Maurice de la Mothe, Raoul dit le Poitevin, Arnoul Chillos, et autres.

(Vers 1109.) GUILLAUME DE BLOIS intervient comme témoin dans une donation faite (vers 1109) à l'abbaye de Noyers, par Gautier Poteruns, d'une terre qu'il avait acquise d'Alberic de Montrésor, père de Villana, femme de Geoffroy Peloquin, et qui était située à La Haye (en Touraine), afin d'y construire un bourg. Les souscripteurs de l'acte furent, outre Guillaume de Blois, Ganelon de Chastillon (neveu d'Albéric de Montrésor, et cousin-germain de Villana et de Geoffroy Peloquin), Hugues de Sainte-Maure, Atzon de Loches, Goscelin de Sainte-Maure; Plaisance, femme d'Atzon de Loches; Vivien de Maizai; Roscelin, frère de Goffroy Peloquin; Engilger de Sainte-Maure, et heaucoup d'autres. — Ce Geoffroi Peloquin était un seigneur extrêmement puissant et redoutable, comme il paraît par la teneur de la charte (pro fortudine et potentia sua formidolosus.)

(Vers 1110.) GUILLAUME DE BLOIS figure au nombre des témoins dans la donation que fit, vers 1110, à l'abbaye de Noyers, Hugues de Sainte-Maure, de la dîme d'Anzay : la donation eut lieu en présence de Hugues, fils de Goscelin, fils du donateur; de Ganelon de Chastillon, de Geoffroy Peloquin, de

ANJOU.

Mathilde, veuve de l'empereur Henri V, fille et héritière de Henri Ier, roi d'Angleterre, et de Mahaut d'Ecosse, dont il eut : 1º Henri II, qui suit; 2º Geoffroy VII, comte d'Anjou et de Nantes, né à Rouen, le 3 juin 1134, fait chevalier par Thibaut IV, comte de Champagne, en 1150; mort sans alliance, en 1158, et dont les démêlés avec le roi son frère sont rapportés en la colonne de Blois-Champagne, à l'article de Henri II, son frère; 3º Guillaume d'Anjou, dit aussi Plantagenest, né à Argentan, le 22 juillet 1136, et mort à Rouen, le 30 janvier 1163-4. Plusieurs historiens, qui ne lui donnent ni alliance, ni postérité, l'ont qualifié, mais à tort, comte de Poitou.

HENRI II, duc de Normandie, en 1149, par cession de son père ; comte d'Anjou et du Maine, en 1151, par droit de succession du même ; roi d'Angleterre, du chef de sa mère, en 1154-55, comme successeur avoué du roi Etienne de Blois, avait épousé, le 19 mai 1152, Aliénor, héritière d'Aquitaine, du comté de Poitou et autres états de sa maison ; d'où prirent origine plusieurs siècles d'affreuses guerres entre la France et l'Angleterre, et l'affaiblissement successif de la maison de Blois, en faisant passer la plupart de ses avantages dans la maison d'Anjou, sa rivale, qui s'y maintint jusqu'en 1471. En 1168, il céda à son fils aîné, Henri, dit au Court-Mantel, la Normandie, l'Anjou et le Maine, que néanmoins il contina de gouverner, et qui revinrent à ses autres enfans, après le décès sans postérité de ce jeune prince. En 1172 s'ouvrit pour lui une longue carrière d'infortunes : le meurtre de l'archevêque de Cantorbery (Thomas Beckett), qui lui fut imputé, quoiqu'indirectement ; sa vie dissolue, les sévices dont il usa envers son épouse, qu'un excès de jalousie avait rendue coupable de la mort de sa concubine Rosemonde ; ses déportemens odieux envers ses brues, Marguerite et Alix, filles du roi Louis VII, et mariées à Henri et Richard, ses fils, lui aliénèrent à la fois le clergé, qui le frappa d'anathème, la noblesse qui se révolta, surtout en France; ses propres fils, qui se liguèrent, dès 1173, avec les rois Louis-le-jeune et Philippe-Auguste, père et fils, et entretinrent, avec plus ou moins de suite, contre leur père une guerre qui lui attira la haine et la malédiction des peuples, surtout de l'Anjou, de la Touraine, et plus particulièrement des Marches du Poitou, où furent pillées et incendiées plusieurs places importantes, dont enfin le résultat fut de mettre Henri aux abois, et de le contraindre à demander la paix, qui fut conclue à Chinon, le 30 juin 1189, avec un tel dépit de sa part, qu'il n'y survécut que cinq jours. Il eut de son mariage quatre fils et trois filles : 1º Henri, ci-dessus, dit au Court-Mantel, duc de Normandie, comte d'Anjou, etc., en 1168, associé au trône, et uni à Marguerite de France, fille du roi Louis-le-Jeune et de Constance de Castille, sa seconde femme, en 1170; et mort à Paris d'une chute de cheval, dans un tournois, en 1183, sans aucun fruit d'un mariage dont son père éluda toujours la consommation. 2º Richard, dit Cœur-de-Lion, né en 1157-8, investi, en 1188, de la Normandie, du comté d'Anjou, etc., roi d'Angleterre en 1189, par le décès de son père. L'avènement de ce prince au trône fut signalé par la mise en liberté de sa

CHATILLON,
de Duchesne.

baud IX de Bourbon. (c) Hugues Ier, qui suit; (d), (e), (f) trois filles mariées en haut lieu.

CHATILLON DE TOURAINE.

Pierre Samuel, Reginald d'Alones, etc., etc., etc., d'une donation faite en 1126, du temps d'Honorius, pape, de Louis, roi de France, de Guillaume, évêque de Poitiers, de Guillaume, comte de Poitou, et de Guillaume, seigneur de Mirebeau, au chapitre de Saint-Hilaire de Poitiers, en la personne d'Arbaud, chanoine dudit Saint-Hilaire et prévôt de Cuhon (à une lieue de Marconnay); par Pierre de Mons (Munz) prêtre, de Maisons - au - Champ; Guillaume Robert, de Pré-lez-le-Pont (près de Marconnay), du Pré-de-l'Autel, de vignes près la terre de Taffac, et de terres labourables à Champblanc; ce qui fut confirmé par les trois frères, Aimery de Mons, Guillaume Quatorze, et Benald, qui reçurent en conséquence 30 livres, monnaie d'Anjou.

(Avant 1128.) GANELON, aliàs Guenne de Chastillon, neveu d'Albéric de Montrésor, eut quelques démêlés avec cet oncle, et lui enleva Montrésor; Hugues d'Amboise, cousin germain d'Albéric, s'intéressa pour lui, et déclara la guerre à Guenne, qui se jeta avec ses troupes dans la plaine dite de Champagne de Bléré, pour y faire le dégât, et courut jusqu'aux rives du Cher; Hugues l'y poursuivit avec furie, mit ses gens en fuite, le fit prisonnier, et le retint en cet état jusqu'à ce qu'il eut restitué Montrésor à Albéric, fait hommage à Sulpice, son fils, de ce qu'il tenait en sa mouvance, et lui eut abandonné ses prétentions sur Montrichard. (Marolles, Hist. des seigneurs d'Amboise.)

(1133.) ISEMBERT DE CHASTILLON intervient, l'an 1133 de la passion de N.-S., comme seigneur direct, avec Æline, son épouse, dans une

COMTES DE BLOIS.

dépouilles mortelles d'Abailard, son époux, mort le 21 avril 1142, et y réunit les siennes le. . . mars 1163. La comtesse Mathilde fut mère de, 1º Henri qui suit; 2º Thibaud, comte de Blois lequel a fait branche qui suit; 3º Etienne de Blois, comte de Sancerre, en suite du partage de la succession paternelle, a fait branche. Il enleva, vers 1153, Mathilde, fille de Geoffroy III, de Donzy, sire de Gien et de Saint-Aignan, le jour de ses noces avec Ansel, sire de Traînel, et l'épousa. De ce mariage vinrent trois fils, dont l'aîné, Guillaume, fit branche, périe en mâles, en 1402, au Vᵉ degré; 4º Guillaume de Blois, dit de Champagne, successivement chanoine à Provins, évêque de Chartres, archevêque de Sens, puis de Rheims, enfin cardinal; 5º Hugues de Blois-Champagne, abbé de Citeaux en 1155; 6º Agnès, dame de Ligny, femme de Renaud II, comte de Bar et de Mouson; 7º Marie, femme d'Eudes II, duc de Bourgogne; 8º Mahaud, femme de Rotrou III, comte du Perche; 9º Elisabeth, femme 1º de Roger, duc de la Pouille (de Apulia), fils de Guillaume, roi de Sicile, et de Marguerite de Navarre, 2º de Guillaume Goeth IV, seigneur de Montmirail en Perche; 10º Alix, aliàs Adèle, troisième et dernière femme de Louis VII, dit le jeune, roi de France; 11º Marguerite, religieuse au prieuré de Fontaine, ordre de Fontevrault, au diocèse de Meaux.

CHAMPAGNE.
(Comtes de)

Henri, dit le Large, comte Palatin, de Champagne et Brie, né en 1127, accompagna le roi Louis-le-Jeune à la croisade de 1147, et en épousa, vers 1150, la fille aînée (Marie), issue d'Aliénor d'Aquitaine, sa première femme. Il succéda, à son père, en 1152, et fit partage à ses frères Thibaud et Etienne, à charge d'hommage envers lui, ses descendans et successeurs au comté de Champagne; ce qui eut lieu jusqu'à ce que le comte Thibaud VI de Champagne, eut vendu les fiefs au roi Saint-Louis. Aliénor, hé-

COMTES DE BLOIS.

Thibaud (1) Iᵉʳ, dit le Bon, comte de Blois et de Chartres vers 1152, en vertu du partage ci-contre, et à charge d'hommage envers les comtes de Champagne. Le roi son beau-père lui conféra, en 1153, le grand office de Sénéchal de France, qu'il exerça aux mêmes prérogatives et devoirs que les précédens comtes d'Anjou, et quitte envers eux de toute subordination jusqu'en 1169, que, par traité entre le roi de France et le roi d'Angleterre, premier de la race des Plantagenêt, le comte d'Anjou, fils

Roscelin, de Bartholomée de la Mothe, et de beaucoup d'autres.

(Vers 1114.) Guillaume de Blois intervient comme témoin dans une charte, par laquelle Eudes, doyen de la collégiale de Saint-Martin, confirme la donation faite par Ganelon de Chastillon, de la terre de Poizay-le-Joli, et de tout ce que le seigneur y tenait en fief du trésorier de Saint-Martin de Tours : la ratification eut lieu en présence des souscripteurs suivans, outre Guillaume de Blois, de Geoffroi Peloquin, Girald du Puy (du Fou), Guillaume de Rivière, Jean de Bourgneuf, et de beaucoup d'autres.

(Vers 1115.) Robert de Blois est un des souscripteurs d'une charte de vers 1115, par laquelle on apprend que Foulques V, s'étant rendu un jour à l'abbaye de Noyers, donna à cette abbaye tout ce dont elle jouissait, et qui était de son fief. Ganelon de Chastillon pria le comte de confirmer la donation qu'il avait faite antérieurement de la terre de Poizay-le-Joli, et de toutes ses dépendances ; ce à quoi Foulques obtempéra, en présence dudit Robert de Blois, d'Arnoud de Montgommery, de Berauzhand de Vihié, de Robert de Buzancay, de Borel de l'Isle, de Sanson de la Mayre, de Giroir de Loudun, de Josselin Roognard, d'Achard de Boise, de Payen de Romeneuil, de Simon de Bernezay, de Rainaud de Villeneuve, de Payen de Clairvaux, de Geoffroi Peloquin, et autres.

(Vers 1115-16.) Robert de Blois fit don, vers 1115-16, à l'abbaye de Noyers, de quelques coutumes qui lui étaient dues dans son fief de Champigny, et exempta les moines de toutes redevances dans l'étendue dudit fief, en présence d'Effred Goscelin, Bernier de Champigny, Gautier des Forges, et autres.

(Vers 1117.) Robert de Blois intervient, comme témoin dans la confirmation par Foulques V, dit le Jeune, du don de Geoffroy de Blazon, fait à Pétronille, abbesse de Fontevraud (près de Loudun). Les témoins de la donation, outre Robert de Blois, furent Berlay de Montreuil, Gautier de Montsoreau, Gislebert de Loudun, et quantité d'autres barons. Cette confirmation eut lieu le jour de l'inhumation à Fontevraud du bienheureux Robert d'Arbrissel,

---

(1) Ce Thibaud est surnommé de Chastillon dans un manuscrit du XVIIᵉ siècle, rédigé d'après des mémoires du temps.

ANJOU.

mère, détenue avec plus ou moins de rigueur depuis seize ans en Angleterre, en Normandie et à Chinon, où les Poitevins prirent parti pour elle et tuèrent le comte de Salisbury, à la garde de qui elle était commise. Il fit plus, il lui établit une cour à Mirebeau, et, en 1190, lorsqu'il se croisa avec Philippe-Auguste, il lui confia la régence de ses états. Aliénor, de son côté, s'occupant de la postérité de ce fils, lui conduisit, en Sicile où il hivernait, une épouse, Berengère, fille de Sanche VI, roi de Navarre, qu'elle était allée chercher à Tolède, pour suppléer Alix de France, sa fiancée, qui pourtant ne fut rendue au roi Philippe-Auguste, son frère, que cinq ans plus tard. Ce mariage fut solennisé et consommé le 12 mai 1191. Richard se couvrit de gloire dans cette expédition ; mais il s'y fit aussi beaucoup d'ennemis par l'impétuosité et la fierté de son caractère. Un affront qu'il avait fait, en Terre-Sainte, à Léopold duc d'Autriche, lui coûta cher : ayant pris pour son retour la voie de terre, il fut arrêté, non loin de Vienne, le 20 décembre 1192, sur les terres de ce prince, qui le livra, en 1193, pour une forte somme d'argent, à l'empereur Henri VI, qui, ayant aussi à s'en plaindre, le retint quatorze mois en captivité, et ne le rendit, aux longues et vives instances de sa mère, que le 4 février 1194, au prix énorme de 250,000 marcs d'argent (25,000l.). Il aborda en Angleterre le 20 mars même année, dissipa le parti que s'était fait, pendant sa captivité, son frère Jean, pour lui ravir la couronne ; recommença, en 1195, avec Philippe-Auguste une guerre de quatre ans, peu active, mais où le roi de France perdit, dans une bataille près Blois, les archives de la couronne. Le 6 avril (*aliàs* juillet) 1199, Richard mourut d'un coup de flèche reçue du château de Chalus en Limousin, qu'il assiégeait. 3o Geoffroy, qui épousa, en 1181, Constance de Bretagne, fille et héritière du duc Conan IV, se rendit célèbre par le règlement de l'*assise* dite du *comte Geoffroy*, leva le premier sa bannière contre son père, et, se trouvant à la cour de France, y périt, le 19 août 1186, par une chute de cheval dans un tournois, laissant un fils, Arthur qui suit, et deux filles, Eléonore et Mathilde. Arthur, né le 30 avril 1187, reconnu duc de Bretagne, en 1196, par les Etats, qui, à cette occasion, attirèrent sur eux la fureur de Richard, qui ravagea impitoyablement le duché en 1197, et fut enfin repoussé par les Bretons, qui en même temps sauvèrent leur jeune prince, en l'envoyant à Philippe-Auguste, qui le reçut, sans néanmoins rien faire pour la protection de la Bretagne, dont les maux ne firent que s'accroître, jusqu'à ce que Arthur eut traité avec lui pour le mettre en état seulement de délivrer la duchesse sa mère. En 1198, Arthur s'échappa de la cour, et se rendit près de Richard, qui s'était concilié les barons de Bretagne, mais qui mourut le 6 avril 1199. *Jean*, dernier frère de Richard, profita de l'éloignement d'Arthur pour lui ravir le trône d'Angleterre ; mais les sujets français gardèrent leur foi au jeune duc, dont la mère, remariée à Guy de Thouars, et morte en 1201, se saisit de la Bretagne, où il fit son entrée solennelle vers 1202. Philippe-Auguste lui fournit deux cents hommes d'armes avec lesquels il se rendit en Poitou, dont plusieurs barons se rangèrent sous sa bannière. Il attaqua Mirebeau, où était la reine sa mère. Le roi Jean l'y surprit, le fit prisonnier, l'amena avec lui en Normandie, où, la nuit du jeudi

CHATILLON DE TOURAINE.

transaction entre les religieux de l'abbaye de Saint-Maixent et quelques particuliers, au sujet d'un jardin nommé Mullepe, que ces religieux prétendaient leur appartenir ; présens, Guillaume, chapelain de Taizec, Guillaume Baronnel ; Régnaut de Thalemont, Jean d'Azay, etc.

(Vers 1143.) BODON DE CHASTILLON, témoin avec Philippe de Champigny , Aimery son frère, Robert Badilon, Maurice et Maxime de Champigny, etc. De là confirmation par Goslen de Blois, Marchise sa mère, et Robert son frère, d'une donation, faite à l'abbaye de Noyers, du temps de l'abbé Henri, de huit arpens de terre à Torcé, par Gaurin, lorsqu'il se fit moine.

(1146.) SIMON DE CHASTILLON , l'un des barons de la cour du comte d'Anjou (Geoffroy Ier des Plantagenest), souscrivit, en l'ordre suivant, avec Brient de Martigné, Hugues de Poec, Absalon Roognard, Joslin de Blois, lui Simon de Chastillon , Pépin de Tours, Bouchard de Mareuil, etc., une charte rédigée à Saumur, dans son ostel, et scellée sous les yeux du comte, par laquelle ce prince se désiste des prétentions qu'il pouvait élever sur la justice et la viguerie de la terre de Pouant, que s'était réservées le chapitre de Saint-Hilaire de Poitiers.

(Vers 1153.) GUY DE CHASTILLON et Goscelin de Chambon interviennent dans une charte de diverses acquisitions foncières faites du temps d'Henri, abbé de Noyers, par le Cellerier, Eudes d'Azay, de Geoffroy Niveluns, et autres, lesquelles relevaient desdits Guy et Goscelin, qui, à ce titre, en confirment l'aliénation,

CHAMPAGNE.
(Comtes de)

ritière d'Aquitaine, répudiée par le roi Louis-le-Jeune, en mars 1152, ayant épousé, le 18 mai suivant, Henri duc de Normandie, fils de Geoffroy comte d'Anjou, après avoir échappé aux embûches de Thibaud, comte de Blois, et de Geoffroy d'Anjou, frère dudit duc de Normandie ; ces deux comtes, Henri comte de Champagne, et Eustache, fils du roi d'Angleterre Etienne, se liguèrent avec Louis-le-Jeune, et Robert, comte de Dreux et du Perche, son frère, pour ravir au duc Henri la Normandie, l'Anjou, l'Aquitaine, et même tous ses états, que d'avance ils se partageaient entre eux. Ils entrèrent tous en Normandie, hors Geoffroy, qui guerroyait en Anjou; l'événement confondit leurs projets : quoique surpris par ses adversaires, le duc avait, la même année, mis la Normandie en état de défense, forcé son frère Geoffroy à faire la paix, et à se contenter d'une indemnité ; conclu une trève avec le roi Louis; et il se disposait à passer en Angleterre, pour s'en assurer la couronne. Cet échec du comte de Champagne, d'autant plus sensible qu'il frappait seulement sur ses puînés, comtes de Blois, fut bientôt accompagné de l'insuccès de sa négociation en faveur de l'antipape Victor contre le pape Alexandre III, dont le schisme dura depuis 1159 jusqu'en 1177. S'étant déclaré ôtage, et même pleige de Louis-le-Jeune, envers l'empereur, il fut désavoué

COMTES DE BLOIS.

du second de ces monarques, fut à cet égard rétabli dans l'état de ses aïeux, et le comte Thibaud dut consentir la rétrocession d'une prétention illusoire, en conservant néanmoins l'autorité jusqu'en 1190, que sa mort donna lieu au roi de retirer vers soi cet office trop important, dont les fonctions furent partagées depuis entre le connétable, le grand maître et autres grands officiers de la couronne. Il tint, avec ses frères le comte et le cardinal de Champagne, le parti du roi Louis, et lui rendit quelques services importans dans ses expéditions militaires. Il eut guerre avec le comte d'Anjou, prit les châteaux d'Amboise et de Freteval, en 1158, assiégea Vendôme en 1160, et remit les places au roi vers 1164 : son château de Chaumont fut incendié par les Anglais. Il épousa la seconde fille (Alix) issue du mariage de Louis-le-Jeune et d'Aliénor d'Aquitaine, et justifia par ses qualités le titre que lui donnèrent ses sujets, surtout ceux de la ville de Blois et des Montils, qu'il déchargea de plusieurs de ses droits onéreux ; il fit des largesses aux abbayes de Marmoutier, de Saint-Laumer, de Pontlevoy et de Bonneval, au chapitre de Saint-Sauveur de Blois, à diverses églises du territoire Comtal, envers les pauvres par sa munificence envers l'Hôtel-Dieu de Blois. En 1190, il se croisa avec le roi Philippe-Auguste, et fut tué devant St-

BLOIS ÉPARS.

fondateur de ladite abbaye ; cérémonie qui eut lieu en présence du comte Foulques et de ses barons ci-dessus-nommés, de l'archevêque de Bourges, de celui de Tours et de l'évêque d'Angers.

(Vers 1118.) ETIENNE DE BLOIS, seigneur de Migné et de Paché (près Poitiers), Milesende et Agnès, ses sœurs, tous enfans d'Etienne de Blois, seigneur de Montierneuf de Poitiers, de la terre de Migné, du consentement et confirmation de Guillaume, duc d'Aquitaine, en présence de Guillaume du Breuil et de beaucoup d'autres : l'investiture de la terre de Migné par Etienne de Blois eut lieu du consentement d'Itier de Blois et de son frère Etienne. L'abbaye de Bourgueil, fondée par la maison de Blois, contesta la donation faite par Etienne de Blois à l'abbaye de Montierneuf; mais, d'après une décision du concile de Rheims, présidé par le pape Calixte II, et tenu du 20 au 30 octobre 1119, on adjugea à cette dernière, gouvernée alors par l'abbé Marc, toutes les donations faites antérieurement par les comtes de Blois, Itier et Etienne, ses fils; Milesende et Agnès, religieuses à Sainte-Croix, sœurs dudit Etienne.

(6 Mai 1120.) ROBERT DE BLOIS, baron du comte d'Anjou Foulques V, dit le jeune, est du nombre des juges choisis par ce prince pour prononcer sur les contestations existantes entre Pierre de Moncontour (fils de Bertrand et de Dannette, voy. Marconnay, en 1065) et Raoul, abbé de Saint-Jouin de Marnes. Les autres juges désignés par le comte Foulques, outre Robert de Blois, furent Renaud, évêque d'Angers, Aimery (le jeune), seigneur de Faye-la-Vineuse; Ardoin de Saint-Médard, Simon de Vihiers, Gislebert de Loudun, Hugues de Laval, Arnoud de Montgommery, Renaud de Salmonchar et autres. La sentence fut confirmée à Saumur, le 9 mai 1120, dans le palais des comtes, par le comte Foulques, Aremburge, sa femme, en présence dudit Robert de Blois, de Séebrand de Vic, Geoffroy de Rammefort, Brient de Martigné, Goscelin Roognard, Payen Flocel, Garnier de Loudun, et autres.

(Vers 1125.) ROBERT DE BLOIS assista, vers 1125, à la donation que fit à l'abbaye de Noyers Geroir, fils de Gautier Geroir (de Loudun), du moulin de Thueth et de la chapelle de Saint-Gilles-des-Costes,

7

ANJOU.

saint, 3 avril 1203 (*aliàs* 31 juillet ou 1er août 1202), il l'égorgea de sa propre main, au milieu de la Seine, où il précipita le cadavre. Il ne laissa point d'enfans.

4. JEAN, dit Sans-Terre, couronné roi d'Angleterre, le 26 mai 1199, au préjudice d'Arthur, son neveu, contre lequel il arma, peu après son avènement au trône, et qu'il surprit à Mirebeau, et assassina à Rouen, en 1202; se rendit dès-lors odieux à ses sujets, et particulièrement en France, où ils s'étaient insurgés contre l'usurpateur, et où le roi, dès 1202, le fit ajourner à la requête de la duchesse de Bretagne, Constance, veuve d'Arthur, devant la cour des pairs qui, par défaut de comparution, déclara Jean fratricide et félon, confisca et réunit ses possessions françaises à la couronne de France. La querelle qui s'éleva, vers 1207, sur les doubles élections entre le monarque anglais et le clergé de son royaume, devint pour lui une source féconde de tribulations telles que, réduit aux dernières extrémités par les mécontens et par un interdit qui dura cinq ans, trois mois et quatorze jours, il se résolut à déclarer solennellement, le 13 mai 1213, sa couronne soumise à la suzeraineté du pape, et à la charger d'un tribut de 1,000 marcs d'argent envers le saint-siége. En 1214, il profita de l'occasion que lui offrait la campagne à laquelle Philippe-Auguste se trouvait engagé en Flandres contre l'empereur Othon, pour tenter une invasion en France; il aborda à la Rochelle, soumit une partie du Haut-Poitou, d'où, voulant se porter sur l'Anjou, il fut réprimé par le prince Louis, depuis roi de France, VIIIe du nom, et forcé bientôt de rétrograder vers son royaume, dont les barons sollicitaient en même temps de lui et en obtinrent, le 15 janvier 1215, la confirmation de la charte de Henri Ier, recognitive de leurs priviléges; il la rétracta peu après; mais, assiégé dans la tour de Londres par la ligue des barons, il fut contraint de signer, en juin, de nouvelles chartes conformes à leurs vœux; il invoqua, pour une nouvelle rétractation, la suzeraineté du pape, qui, par une bulle du 24 août, cassa ces chartes, délia le roi de son serment, excommunia les barons, lesquels, de leur côté, offrirent la couronne au prince Louis, fils de France, qui, en 1216, reçut à Londres leur serment de fidélité, et retourna, dès le 29 septembre 1217, près du roi son père, vingt jours avant la mort de Jean qui, d'Isabelle, fille d'Aimar, comte d'Angoulême, sa troisième femme, qu'il fit ausssi emprisonner, laissait deux fils: 1º Henri, qui suit; 2º Richard, comte de Cornouaille, et trois filles.

CHATILLON DE TOURAINE.

en présence de Barthélemi, dit le Bon-Seigneur; d'Adelelme Popard, de Guillaume de Pussigné, de Geoffroy de Bussières, d'Alaïs de Uccio, de Hugues de Poec, etc.

(1153.) ULRIC DE CHASTILLON est mentionné, en 1153, dans une charte de l'abbaye de Beaugerais en Touraine (Marolles le présume fils de Ganelon, *aliàs* Guenne de Chastillon, neveu d'Albéric de Montrésor, dans son *Histoire des Seigneurs d'Amboise*, et observe que dans cette charte il est nommé immédiatement après *Villana* de Montrésor, fille unique dudit Albéric). Il pourrait bien être le même qu'Ulric de Nouastre, belle terre que l'on a vue appartenir vers ces temps-là aux Ganelon.

(Vers 1170-80.) GANELON DE CHASTILLON, seigneur du fief et seigneurie de Saint-Sulpice, est relaté dans une charte du temps de Gilles, abbé de Noyers, dont appert que Foucher, fils d'Achard, élevant des prétentions sur la justice de ladite seigneurie de Saint-Sulpice, eut quelques contestations à cet égard avec l'abbé de Noyers; la concorde se rétablit par l'intermédiaire de Hugues, vicomte de Chatellerault, en présence d'Aimery, fils du vicomte; de Hugues de Chambon, gendre de Foucher; d'André Meschins; de Geoffroy-Martel; d'Aimery des Forges; de Corbelle de Thouars; d'Aimery Barbe; d'Aimery *de Pavo*; d'Alger, sénéchal, et autres. Ganelon, sa femme, et ses fils confirmèrent cet accord et abandonnèrent leurs droits à ladite abbaye, qui, en compensation, donna à Ganelon 5,000 sols; à sa femme et sa fille, 30 sols; à son fils (Ganelon-le-Jeune), 43 sols; à Bouchard, autre fils, 5 sols; à la femme de Jean de la Haye (Sainte-Maure), 40 sols; à la fille de Jean, 12 deniers: ce qui eut lieu en présence de Maurice de Blois, d'Eudes d'Aubigny, et autres: ce qui fut encore confirmé par Jean de la Haye, seigneur dudit lieu, sa femme Cassemotte, et leur fille Thesselme, au chateau de la Haye, près la Creuse, non que l'objet contesté fût du fief dudit Jean, mais parce que Ganelon-le-Jeune avait épousé la fille dudit seigneur de la Haye. Cette ratification eut lieu en présence de Ribautelle de la Haye et de son frère André, de Pierre de Mons, et de ses fils, 1º Ganelon de Châtillon, 2º Goriard, 3º Adhémar, 4º Gosselin, 5º Bouchard, 6º Hugues, et 7º Boémont, et de beaucoup d'autres.

CHAMPAGNE.
(Comtes de)

en 1162; il lui en coûta même quelques mois de captivité, et l'abandon de la suzeraineté de plusieurs places et châteaux du Bassigny et du Barrois à Frédéric Barberousse, pour l'acquit de sa garantie. Rentré dans ses états, il en confia l'administration à son épouse, se croisa une seconde fois pour la Terre-Sainte, y arriva en 1179, et la quitta en 1180 : pour revenir, il prit la voie de terre; mais, en traversant l'Asie mineure et l'Illyrie, il ne put éviter quantité d'embuscades, où il perdit ses moyens, ses gens, même sa liberté, qu'il ne recouvra que par les bons offices de l'empereur grec de Constantinople, et n'arriva que le 10 mars 1181 à Troyes, tellement exténué, que, sept jours après, il rendit l'âme, regretté du nouveau roi Philippe-Auguste, de la cour et du peuple, et surtout de sa veuve, princesse qui, morte à 60 ans, en 1198, et par conséquent née en 1138, n'a pu être mariée, comme on l'a dit, avant 1154, si ce n'est sous l'expectative de la nubilité. Il est probable que la versatilité et l'irascibilité de Louis-le-Jeune, ainsi que ses mauvais procédés envers le comte son mari, avaient donné lieu à une rupture entre ces deux époux, avant ou vers 1162; mais il ne l'est pas moins qu'en 1164 l'union s'était rétablie pour ne plus cesser : c'est ce qui s'induit de l'attachement inaltérable que le comte eut depuis pour son beau-père; de la

COMTES DE BLOIS.

Jean-d'Acre, d'où son corps fut apporté en France. Son épouse l'avait prédécédé en 1183; elle fut mère de, 1° Thibaud de Blois, mentionné dans un titre de Marmoutier de 1182, et mort peu après en célibat. 2° Louis, comte de Blois, qui suit. 3° Henri de Blois, mentionné dans le même titre de 1182 que son frère, mourut jeune (dit-on). 4° Philippe de Blois. (L'histoire de Blois, édit. de 1682, le dit mort, ainsi que son frère Henri, sans alliance.) L'Art de vérifier les Dates, édition de 1770, le dit mort sans enfans, et son frère Henri mort jeune. (Le P. Anselme, ou plutôt l'érudit M. du Fourny, dit de Henri, qu'il mourut jeune; mais de Philippe, il dit que, selon une charte du prieuré de Bellomer, il vivait encore en 1202, et avait un fils nommé

(a) THIBAUD DE BLOIS, vivant en 1202. 5° Marguerite de Blois, morte en 1230, mariée, 1° à Hugues III, d'Oisy, seigneur de Montmirail, vicomte de la Ferté-Ancoul, *alias* sous Jouarre, et châtelain de Cambray; 2° à Othon, comte de la Haute-Bourgogne; 3° à Gautier II, seigneur d'Avesnes, dont une fille, héritière du comté de Blois, le porta dans la maison de *Chastillon* (V. la colonne). 6° Elisabeth de Blois, morte vers 1249, épousa, 1° Sulpice III, seigneur d'Amboise, de Chaumont, de Bléré et de Montrichard, dont une fille

BLOIS ÉPARS.

qu'il revendiquait comme étant de son fief. Les témoins, outre Robert de Blois, furent Péloquin, seigneur de l'Isle-Bouchard; Gouffier Maingoth, neveu dudit Robert, et Bernier de Champigny.

(Vers 1125.) ARCHAMBAUD DE BLOIS est mentionné comme témoin, avec Gautier de Montsoreau, et Geoffroy Feuille et autres, dans une donation que fit, vers 1125, à ladite abbaye, Airaud de Pons (*de Ponte*), du consentement de sa femme. Cette concession eut lieu à la cour d'Aimery, seigneur de Faye-la-Vineuse, en présence de ce seigneur, de Bartholomée Tarazon, Bozon de Boislent, et autres.

(Vers 1138.) ROBERT DE BLOIS, Marquise, sa femme, envoyèrent, de Chinon, à Adelelme, prieur de Tavaut (dépendance de Marmoutier), la marque d'investiture de la dîme de Rivière (en Touraine); ce que confirma aussi Geoffroy, fils d'Adelelme, et Gerberge, dame de l'Ile-Bouchard, et Borel, son fils, en présence de Geoffroy de Laval (ou la Vallée); Aimery Peloquin, seigneur de l'Ile-Bouchard, et Eustachie, son épouse; confirmèrent cette donation, et cédèrent toute leur dîme de Rivière à l'abbaye de Marmoutier.

(Vers 1140.) ROBERT DE BLOIS, seigneur de Champigny, confirme, vers 1140, une donation faite à la même abbaye de Noyers, par un chevalier de Champigny nommé Bernier, laquelle consistait en une dîme sise audit lieu, et qui était du fief dudit Robert; Marquise, femme de Robert, Goslen et Robert, leurs fils, confirmèrent en outre ce don, en présence des témoins qui suivent : Peloquin de l'Ile-Bouchard, Payen de Brizay, Gouffier de Brizay, Hugues Vaslins, Geoffroy de Longué, Payen de Poitiers, et autres.

(Vers 1140.) GOSLEN DE BLOIS, fils de Robert de Blois, seigneur de Champigny, et de Marquise, relaté dans le titre précédent.

(Vers 1140.) ROBERT DE BLOIS, fils de Robert, seigneur de Champigny, et de Marquise, et frère de Goslen de Blois.

(Vers 1143.) GOSLEN DE BLOIS confirme, vers 1143, conjointement avec Marquise sa mère et Ro-

CHAMPAGNE.
(Comtes de)

naissance de la plupart de ses enfans, qui est postérieure à cette date ; de la confiance avec laquelle il l'institua régente de ses états et tutrice de leurs enfans. Marie justifia cette confiance par la manière dont elle gouverna pendant la minorité et l'absence de l'aîné de ses fils ; elle honora la mémoire de son époux, amplifia ses bienfaits envers les églises et les pauvres, et, quoiquerecherchée, dès 1182, par Philippe, comte de Flandres, elle mourut en viduité, et toujours saisie du pouvoir, le 11 mars 1197, de la douleur que lui causèrent la mort prématurée de son fils aîné en Palestine, et celle de la reine de Hongrie, sa sœur utérine, en la même année 1197. De son mariage étaient issus, 1° Henri II, comte palatin et de Champagne et Brie, qui succéda, en 1181, sous la tutelle de sa mère, laquelle, après en avoir négocié, vers 1184, l'alliance avec Yolande, sœur de Baudouin, comte de Flandres, depuis empereur latin de Constantinople, le fiança, vers 1188, à Hermensone, fille et héritière de Henri, comte de Namur et de Luxembourg, à peine âgée de deux ans, qu'il laissa dans ses langes, en 1190, pour accompagner, ainsi que Thibaud, comte de Blois, et Etienne, comte de Sancerre, ses oncles paternels, le roi Philippe-Auguste à la Terre-Sainte. Il y épousa, peu après son arrivée, Isabelle, veuve de Conrad de Montferrat, marquis de Tyr, assassiné, en 1192,

COMTES DE BLOIS.

(a) MAHAUD, dame d'Amboise, du chef paternel, et comtesse de Chartres du chef maternel, qui, morte vers 1270, sans enfans de ses deux maris, Richard, vicomte de Beaumont, et Jean, comte de Soisson, laissa passer aussi le comté de Chartres dans la maison de Chastillon-Blois, en la personne de Jean, fils de Hugues. 7° Alix de Blois, successivement religieuse, prieure et abbesse de Fontevrault, après Marie de Champagne, sa tante, en 1221.

LOUIS, comte de Blois, de Chartres et de Clermont en Beauvaisis, duc de Nicée en Natolie, succéda à son père en 1191. Il se croisa en 1199, avec Thibaud IV, comte de Champagne, Louis, comte de Blois, son cousin, et Baudouin IX, comte de Flandres; fut fait prisonnier le 12 avril 1205, dans un combat de l'empereur latin de Constantinople contre les Bulgares, et périt misérablement peu après. Il laissa quantité de témoignages de sa libéralité et de sa munificence, affranchit plusieurs serfs, convertit en une légère prestation de 5 sols par maison son droit de main-morte, donna aux habitans de Blois *l'usage et le pâturage d'entre les rivières de Beuvron et de Cousson,* confirma et accrut les dons faits aux églises et aux hospices par ses auteurs; il porta même la générosité au point de gratifier un de ses amis des importantes seigneuries de Saint-Aignan, de Romorantin et de Selles.

BLOIS ÉPARS.

bert son frère, la donation faite à l'abbaye de Noyers, de quelques arpens de la terre de Torcé (en Touraine), en présence de Philippe de Champigny, d'Aimery son frère, de Bodon de Chastillon et autres.

(Vers 1145.) GOSSELIN DE BLOIS paraît dans une charte, vers 1145, par laquelle il se désiste de toutes les prétentions qu'il élevait, et qu'il avait sur les dîmes des terres de Doulcé et d'Aurigny (en Touraine), entre les mains de Hugues, archevêque de Tours.—Un chevalier, nommé Aimery d'Avon, abandonna aussi les mêmes prétentions; tous les deux en firent don à l'abbaye de Noyers. Les témoins furent Hugues, archevêque, Simon, archidiacre, Robert, archiprêtre, Guillaume, chantre de Saint-Martin de Tours, Ramnulfe de Buzançay, Jean de Doulcé et beaucoup d'autres.

(Vers 1146.) GOSLEN DE BLOIS, baron de Geoffroy Plantagenest, comte d'Anjou, intervient dans une charte de vers 1146, par laquelle ce prince se désiste de toutes les prétentions qu'il avait ou pouvait avoir sur la justice de la terre de Pouant (près Thouars), dépendance de l'église de Saint-Hilaire-le-Grand, de Poitiers. La charte fut donnée à Saumur, dans la maison de Simon de Chastillon, et souscrite par le comte Geoffroy; Brient de Martigny; Hugues de Pocé (ou Poec); Absalon Roognard; Goslen de Blois; Simon de Chastillon; Pépin de Tours; Bouchard de Mareuil et autres.

(Vers 1150.) EUPHÉMIE DE BLOIS, fille de Goslen de Blois, femme de noble homme Gautier, fils de Giroir de Loudun, paraît dans une charte de vers 1150, qui nous apprend que Goslen avantagea sa fille en la mariant, d'une église près de Nouastre, appelée Ports-sur-la-Vienne, et dont elle fit un don, de concert avec son mari et leur fils Geroir, à l'abbaye de Noyers, en y ajoutant différentes redevances, dîmes, cens et autres revenus. Ce don fut confirmé par Aymeri d'Avon, qui avait quelques prétentions sur cette église. Les témoins furent Foucher de Vaux, Hugues-Vaslins, Rainelme de Fontrive, Effroy de Marigné, Arnoul-Chillos, Albert d'Aurigny, André de Monceaux, Géraud de Montagu et autres.

(Vers 1172.) ROBERT DE BLOIS, seigneur de Cham-

CHAMPAGNE.
(Comte de)

par les séides du vieux de la montagne, et seconde fille d'Amaury Ier, roi de Jérusalem, du chef de laquelle il succéda à cette couronne, par la faveur du roi d'Angleterre Richard-Cœur-de-Lion. En 1197, il tomba d'une fenêtre de son palais d'Acre, et se tua, laissant de ce mariage trois filles seulement :

(a) Marie, morte jeune ; (b) Alix, femme de Hugues de Lusignan, roi de Chypre ; (c) Philippine, mariée à Erard de Brienne, seigneur de Rameru.

2º Thibaud qui suit. 3º Scholastique, mariée à Guillaume, comte de Vienne. 4º Marie, femme de Baudouin, comte de Flandres, depuis empereur de Constantinople, en 1204.

THIBAUD III, comte palatin de Champagne et Brie, succéda au comte Henri, son frère, en 1197 ; épousa Blanche, fille de Sanche, dit le Sage, roi de Navarre et de Sancie de Castille, en 1199 ; se croisa, la même année, avec Louis, comte de Blois, son cousin ; mais, à la veille de partir, il tomba malade et mourut, le 24 mai 1201, laissant son épouse enceinte d'un fils qui suit, né après le décès de son père.

COMTES DE BLOIS.

Il avait épousé, avant 1184, Catherine, fille aînée et seule héritière de Raoul, comte de Clermont en Bauvaisis, connétable de France, et d'Alix de Breteuil, encore vivante en 1202, et mère de, 1º Thibaud, comte de Blois, qui suit ; 2º Raoul de Blois, mort jeune, vers 1202 ; 3º Jeanne de Blois, morte jeune en 1202.

THIBAUD, comte de Blois et de Chartres, deuxième et dernier de sa dynastie, succéda, vers 1206, sous la garde noble de Catherine de Clermont en Beauvaisis, sa mère. La faiblesse de sa santé ne lui permit d'imiter ses aïeux que dans leur bienfaisance ; il fit beaucoup de dons aux églises et surtout aux hôpitaux. Il fut marié deux fois : 1º vers 1200, à Mahaud, fille de Robert II, comte d'Alençon, et de Jeanne de la Guierche ; 2º vers 1215-16, à Clémence, fille de Guillaume des Roches, chevalier sénéchal héréditaire des comtés d'Anjou et du Maine, et de Marguerite de Sablé, qui, veuve en 1218, se remaria, vers 1220, avec Geoffroy VI, vicomte de Châteaudun : étant mort en 1218, sans enfans d'aucune de ces deux femmes, sa succession retourna à ses tantes paternelles, du chef desquelles la maison de Blois-Châtillon, dite de Chastillon-sur-Marne, rentra dans cet antique patrimoine de ses illustres aïeux, qu'elle transmit depuis au domaine de la couronne. On l'a vu à l'article de Thibaud dit le Bon, Ier comte de Blois-Champagne ci-dessus.

BLOIS ÉPARS.

pigny-sur-Veude, paraît dans une charte de l'époque de la guerre d'Henri II, roi d'Angleterre avec ses enfans ; par laquelle on apprend que le peuple de Champigny se trouvant une nuit à l'église, où l'on était dans la plus profonde obscurité, la lampe, qui se trouvait en face du maître-autel, s'alluma tout-à-coup miraculeusement. — Le bruit de ce prodige parvint aux oreilles de Robert de Blois, seigneur du lieu, qui voulut que, dorénavant, cette lampe fût entretenue à ses frais jour et nuit, et fit plusieurs dons, pour subvenir aux frais du luminaire, entre les mains d'Eudes, prieur de Champigny, du consentement de Goslen et de Gelduin de Blois, ses fils, en présence de Hugues d'Alluye, Thomas des Forges et autres.

(Vers 1180.) ROBERT DE BLOIS, seigneur de Champigny, confirma vers 1180, et prit sous sa protection le don d'une dîme sise dans ce lieu, fait par Garin, surnommé Divendrens, au profit de l'abbaye de Noyers. L'acte fut passé au château de Chinon (résidence de Robert), en présence de Philippe de Champigny, de Geoffroi, Maurice et autres : en compensation du don, Garin, le donateur, reçut cent dix sous, Renaud son frère cinq sous, Ersende sa sœur quatre sous, Ameline autre sœur douze deniers. — *Robert de Blois dix sous ; Aimery de Blois son frère deux sous.*

(Vers 1180.) AIMERY DE BLOIS est dit frère de Robert de Blois dans la charte précédente. C'est probablement le même Aimery de Blois, chevalier qui, à la prière d'Alès de Brizay aussi chevalier, à qui ledit Aimery avait conféré en fief la prévôté de Restigné, approuva et ratifia la vente qui en fut faite, par Olivier de Langeais, chevalier, et André de Surennes, au chapitre de Saint-Martin de Tours, moyennant la somme de cent marcs d'argent, ainsi que de tous les droits qu'il pouvait avoir sur ladite prévôté. Aimery de Blois apposa son sceau à ladite charte, qui est aux armes de Blois *aliàs* Chastillon.

(Vers 1199.) SIMON DE BLOIS souscrivit, vers 1149, une donation faite à Renaud, abbé de Saint-Jouin de Marnes, par Aimery, vicomte de Thouars, Philippe sa sœur, Geoffroi et Guy d'Argenton (Blois), enfans de ladite Philippe, concernant une chapelle, autrefois fondée par Eustachie, dame d'Argenton,

COMTES DE CHAMPAGNE.

THIBAUD IV, dit le Grand, comte Palatin et de Champagne, roi de Navarre, né posthume, en 1201, passa sous la tutelle de sa mère, qui le défendit jusqu'en 1221, contre la puissante ligue d'Érard de Brienne pour le dépouiller, au nom de Philippine de Champagne, son épouse, et tante du pupille. Entraîné depuis par la faction qui troubla la minorité du roi saint Louis, il en fut détaché par la dextérité de la mère de ce jeune monarque, et récompensé par les secours, au moyen desquels il parvint à triompher, en 1234, des prétentions d'Alix, reine de Chypre, fille aînée de Henri II, comte de Champagne : en la même année, il hérita, du chef de sa mère, du trône de Navarre, et fut couronné, le 8 mai, à Pampelune. En 1235, le ressentiment d'une offense, qui lui avait été faite à la cour de France, l'induisit à se liguer avec le duc de Bretagne, le comte de la Marche, et plusieurs autres grands ; mais de justes considérations sur les résultats d'une guerre civile lui persuadèrent d'accepter les voies de conciliation. En 1239, il se croisa pour la Terre-Sainte, et mourut en juillet 1253. Ce prince aima les lettres ; et ses chansons le placent au premier rang des coryphées de la *gaie science*. Il avait épousé, 1º en 1220, Gertrude de Dachsbourg, fille d'Albert, comte de Metz, et de Gertrude de Loos ; il en fut séparé par sentence ecclésiastique ; 2º en 1222, Agnès, fille de Guichard IV, sire de Beaujeu, et de Sibylle de Flandres, morte le 11 juillet 1231, mère d'une fille, Blanche, mariée, en janvier 1235, à Jean Iᵉʳ, duc de Bretagne, et morte le 11 août 1283, avec postérité ; 3º en mars 1232, Marguerite, fille aînée d'Archambaud VIII, sire de Bourbon, et de Béatrix de Montluçon, et morte à Provins, le 11 avril 1256, mère de, 1º Thibaud, roi de Navarre, IIᵉ du nom, comte palatin et de Champagne, couronné en novembre 1253, mort le 11 décembre 1270, à Trapani en Sicile, au retour de l'expédition d'Afrique où il avait accompagné son beau-père, sans enfans de Marguerite, fille

BLOIS ÉPARS.

près du cimetière, sous la condition que l'abbaye y entretiendrait deux prêtres religieux. Les témoins, outre Simon de Blois, furent Guillaume de Doué et autres.

COMTES DE CHAMPAGNE.

du roi saint Louis et de Marguerite de Provence , qu'il avait épousée en 1258 , et qui décéda elle-même à Hières, près Marseille , le 27 avril 1271 ; 2º Pierre, *aliàs* Pieron de Champagne, *dit* de Navarre, seigneur de Moracabal , mort avant l'accomplissement de son mariage avec Amicie, duchesse de Conches, fille unique et héritière de Pierre de Courtenay, seigneur de Conches et de Mehun ; 3º Henri qui suit ; 4º Aliénor de Navarre , dont le sort est ignoré ; 5º Marguerite de Navarre, mariée, en 1249, à Ferry II, duc de Loriaine , dont postérité ; 6º Béatrix de Navarre, mariée, en 1258, à Hugues IV, duc de Bourgogne.

HENRI Ier, dit le Gros, roi de Navarre , IIIe de sa dynastie, et dernier de celle des comtes palatins et de Champagne et Brie, fut couronné à Pampelune, le 1er mars 1271 : il avait épousé , en 1269, par dispense du pape , Blanche, fille de Robert de France, Ier du nom, comte d'Artois, et de Mahaut de Brabant. Il mourut à Pampelune, le 16 juillet 1274. Sa veuve se remaria avec Edmond d'Angleterre, comte de Lancastre , et mourut le 2 mai 1302 ; elle avait eu de son premier mari deux enfans :

1º *Thibaud,* mort très-jeune, avant son père.

2º *Jeanne,* reine de Navarre , comtesse palatine et de Champagne et Brie, héritière de sa maison, qui, placée en 1275, dès l'âge de 3 ans, sous la protection de Philippe-le-Hardi, fut mariée, à Paris, par dispense du pape , le 16 août 1284, à Philippe, depuis roi, dit *le Bel,* et mourut à Vincennes, le 2 avril 1304, à 33 ans, mère de Louis X, dit le Hutin, qui recueillit dès-lors le royaume de Navarre et les comtés palatins de Champagne et Brie, qu'il gouverna en 1315, date du décès de son père, et dont les comtés furent réunis à la couronne de France, en novembre 1361, par le roi Jean, de la branche de Valois, en laquelle était tombée cette succession.

AQUITAINE et ANJOU.

XIIIᵉ SIÈCLE.

Henri III, roi d'Angleterre en 1216, né le 1ᵉʳ octobre 1207, couronné le 28 du même mois, sous l'assistance du comte de Pembrek, régent du royaume, et sans égard pour l'élection de Louïs, fils de France, qui, abandonné par les barons anglais, repassa en France le 29 septembre 1217. Les premières années de ce règne furent troublées par les vives sollicitudes des barons, que justifia, en quelque sorte, la révocation, en 1227, des deux chartes du roi Jean, dont Henri avait juré l'observation. En 1250, Henri prit la croix des mains du légat, et fit vœu d'aller guerroyer en Palestine; il refusa l'offre, à lui faite par le pape Innocent IV, du royaume des deux-Siciles, dont l'investiture fut donnée à son second fils en 1255, à Londres, par l'évêque de Boulogne, légat du pape Alexandre IV. En 1258, les barons, ne pouvant obtenir le redressement de leurs griefs, se liguèrent de nouveau et se donnèrent pour chef Simon de Montfort, comte de Leicester, fils du fameux chef de la croisade contre les Albigeois, et forcèrent le roi de concourir à la nomination de vingt-quatre commissaires, pour dresser des articles, connus sous le nom de *Statuts et expédiens d'Oxford*, qui furent approuvés par le parlement, et dont le roi jura solennellement l'observation; Henri cependant, après s'être fait délier de son serment, déclara, en 1261, au parlement, qu'il ne voulait plus les observer. En 1262, Richard, frère du roi, interposa sa médiation, qui servit peu, puisqu'en 1263, les barons levèrent des troupes, et obligèrent de nouveau le roi à confirmer les statuts; les hostilités recommencèrent, Henri fut obligé d'abandonner Londres aux barons; l'un et l'autre parti se référèrent au jugement du roi saint Louis, dont la sentence, en date du 23 janvier 1264, ne satisfit point les mécontens : la guerre continua, et, après quelques succès, le roi perdit la bataille de Lesves; il fut fait prisonnier avec Richard, son frère, et Edouard, son fils, qui, après avoir battu les milices de Londres, tomba dans les piéges de Leicester. La reine se retira en France avec le prince Edmond, son second fils. Les barons dressèrent un nouveau plan de gouvernement, qui a donné l'origine aux deux chambres du Parlement d'Angleterre, lequel

CHATILLON
de Duchesne.

XIIIᵉ SIÈCLE.

Hugues Iᵉʳ de Chastillon, comte de Saint-Paul du chef paternel, et de Blois du chef de son épouse, aussi Bouteiller de Champagne, fut marié deux fois : 1º avant 1216, à N.... fille de Thibaud Iᵉʳ, comte de Bar, et de Laurette Loos, morte peu après sans enfans; 2º vers 1225, à Marie d'Avesnes, fille unique et héritière de Gauthier, seigneur d'Avesnes, de Guise, de Leuse, etc., et de Marguerite, comtesse, propriétaire de Blois, laquelle testa en 1241, et mourut peu après. Il accompagna le roi saint Louis à la croisade de 1245, et mourut le 9 avril 1248, avant l'embarquement. Il laissa de son deuxième mariage, 1º Jean, comte de Blois et de Chartres, seigneur d'Avesnes, de Leuse, etc., continuateur des comtes de Blois; 2º Guy, continuateur des comtes de Saint-Paul; 3º Gaucher IV qui suit, seigneur de Chastillon, Crecy et Crèvecœur, souche des branches de Chastillon, des comtes de Porcéan, seigneurs de Dampierre et Rollaincourt, de Saint-Illier, de Bonnœil, de *fere*, de Rosoy, Vidames de Laon, etc.; 4º Hugues II de Chastillon, qui eut en partage 3,000 livres de terre et mourut, *selon Duchesne*, sans lignée, en 1256. — Deux filles mariées en haut lieu.

Gaucher IV, seigneur de Chastillon, de Crecy, de Crèvecœur, de Troissy et de Marigny, troisième fils du précédent, épousa, avant 1250, Isabeau, fille de Guillaume, seigneur de Lisignes et de Marguerite de Melle, et mourut en 1261, laissant de son mariage deux fils et une seule fille; 1º Gaucher V qui suit; 2º Guy, seigneur de Pont-Arsy, mort sans postérité, avant 1286; 3º Marie, femme de Miles de Noyers.

Gaucher V, seigneur des terres susdites et de celle de *fere*, comte de Porcéan, etc., connétable de Champagne et ensuite de France, fut marié, vers 1275, avec Isabeau de Dreux, fille de Robert, vicomte de Châteaudun et d'Isabeau de Villebéon. Il fut créé connétable de Champagne, à la date du mariage de Jeanne, héritière de ce comté et du royaume de Navarre, fille du comte et roi Thibaud VII, avec Philippe-le-Bel, qui lui donna le comté de Porcéan, la seigneurie de Rosoy, de Gandelus, etc., l'an 1289, en échange des châtellenies de Chastillon, du comté de Roucy, de Crecy et de Crèvecœur. Ses exploits, dans les guerres qu'il eut à soutenir le roi, depuis 1297 jusqu'en 1302, lui méritèrent le grand office de connétable de France qu'il exerça glorieusement jusqu'à sa mort, arrivée en 1329, date de la bataille de Montcassel, où, malgré son grand âge, il s'était fait admirer.

BLOIS ÉPARS.

XIIIᵉ SIÈCLE.

(Janvier 1229.) AI-MERY DE BLOIS, cheva-lier, promit, en Janvier 1229, au roi saint Louis, de payer annuellement 5o liv. tournois de rente: le titre est scellé, et fut passé à Saumur.

(Mai 1246.) AIMERY DE BLOIS figure encore au nombre des barons, dans la déclaration du roi saint Louis, intervenue sur l'a-vis des barons d'Anjou et du Maine, touchant les droits de bail et de rachat dans ces provinces. L'acte est de mai 1246, et scellé aux armes de Blois ou Chastillon.

(Avril 1212.) GEL-DUIN DE BLOIS intervient, au mois d'avril 1212, dans une charte par laquelle Guillaume de Chillé et Aimery son frère se désis-tent, entre les mains d'Aimery, vicomte de Thouars, en faveur de quelques particuliers de Parthenay, de quelques héritages échus auxdits Guillaume et Aimery du côté de leur mère, tant à Chillé qu'à Bois-Corbet, et dans la paroisse de Saint-Florent; à la char-ge par les donataires de payer annuellement à Guillaume pendant sa vie, et après sa mort, à Aime-ry, son frère, 4o sols de rente, sans que ce der-

MARCONNAY.

XIIIᵉ SIÈCLE.

(1213.) RENAUD DE MARCONNAY souscrivit, en 1213, une charte du chapitre de Notre-Dame de Mirebeau, de laquelle il conste, que les chanoines cédèrent à un nommé Pierre Amenon et à ses héritiers, la quatrième partie d'une dîme, sise aux environs d'Abain, près Mirebeau, moyennant certaines redevances. Les témoins, outre Renaud de Marconnay, furent Jean de la Celle, chefcier du chapitre, Pierre de Loudun, Guillaume de Osanna, Aimery de Chausseroye, Pierre de Orlay, Mathieu de Dandesigny, Pierre de Brizay, Aimery, fils de Brient (de Martigné), et beaucoup d'autres.

(1223.) ABBES DE MARCONNAY, seigneur de Marconnay et du Dogay, chevalier, fit don, par lettres scellées de lui, en 1223, de droits et rentes annuels, 1º sur une maison, sise au Dogay, appartenant à Mathieu Gislebert; 2º sur sa terre de Marcon-nay. Cette donation fut faite à l'abbaye des Chastelliers, près Saint-Maixent, entre les mains de l'abbé Renaud, du consentement de Flandrine, femme dudit chevalier, de Geoffroy et de Pierre, leurs fils. (Sceau perdu.)

(1223.) GEOFFROY DE MARCONNAY, fils d'Abbes de Marconnay et de Flandrine, relatés ci-dessus.

PIERRE DE MARCONNAY, fils puîné d'Abbes et de Flandrine, frère de Geoffroy ci-dessus.

(18 mai 1251.) RENAUD DE MARCONNAY, chevalier, est condamné, par jugement en date du 18 mai 1251, de Jean de Melun, évêque de Poitiers, et de son chapitre, à payer, annuellement, au chapitre de Saint-Hilaire de Poitiers, 20 sous de rente, pour l'anniversaire de Renaud de Marconnay (son oncle), autrefois chanoine de cette église.

(Vers 1252.) PHILIPPE DE MARCONNAY, valet, seigneur de Saleignes, de Boisna-dan, près Luçon, et Marguerite sa femme, relatés tous deux, comme défunts, dans une charte de 1277.

(Vers 1252.) GUILLAUME DE MARCONNAY, chevalier, seigneur de Mornay, du verger de Marconnay, etc. (Voy. Guillaume, année 1292.)

(1256.) RENAUD DE MARCONNAY, seigneur de Marconnay, mentionné dans des lettres de Guillaume de Cursay, chevalier, par lesquelles ce dernier met des particu-liers en possession de quelques héritages, qui étaient du garniment de Renaud de Mar-connay. Les lettres sont de 1256.

(Vers 1260.) Monseigneur GUY DE MARCONNAY, chevalier (ainsi qualifié dans un titre de 1293), père de Renaud, qui épousa Eschive de Chabot, fille de Pierre de Chabot, chevalier. (Voy. Renaud, 1293.)

(1273.) RENAUD DE MARCONNAY, valet, seigneur du château et fief de Luçon, confirma, en 1273, une vente faite à l'abbaye de Saint-Michel en l'Herm, par André Peyrins et Catherine Bonnefille sa femme, consistant en quelques héritages, héberge-mens et courtillages, sis au château de Luçon, et qui étaient du fief dudit Renaud,

AQUITAINE et ANJOU.

en approuva l'établissement, que le roi et Edouard, son fils, furent contraints de ratifier. En 1265, les choses changèrent de face : le comte de Glocester passa du parti des barons dans celui du roi, délivra le prince Edouard, et concourut avec lui, le 4 août, au gain de la bataille d'Evesham, où Leicester et son fils furent tués, et le roi sauvé. En 1267, cette guerre fut terminée par la soumission des barons. Henri III mourut en novembre 1272, laissant d'Eléonore, fille de Raymond Bérenger, comte de Provence, deux fils et deux filles, 1º Edouard, né en 1239, roi en 1272, Iᵉʳ (ou IVᵉ) du nom; 2º Edmond, né en 1245; 3º Marguerite, mariée à Alexandre, roi d'Ecosse; 4º Béatrix, épouse de Jean II, duc de Bretagne.

L'hommage fait, en 1260, par le roi d'Angleterre, Henri III, au roi de France, saint Louis, ayant été précédé d'un accord sur la démarcation des possessions anglaises en France, par lequel saint Louis confirmait à l'Angleterre ses prétentions sur la Guienne, en échange de la renonciation faite au profit de la France, par Henri III, de la Touraine, de l'Anjou, du Maine et du Poitou; ces contrées furent assez paisibles pendant les 55 années des règnes tumultueux d'Edouard Iᵉʳ et d'Edouard II, c'est-à-dire de 1272 à 1327. Edouard III, dès 1329, ralluma les brandons de la discorde par ses prétentions à la couronne même de France, du chef de sa mère; il fit une invasion dans ce royaume, écartela son écu des armes de France, battit les Français à Crécy, en 1346; assiégea et prit Calais en 1347, et gagna la bataille de Poitiers en 1356. Il perdit enfin Edouard, son fils, dit le Prince Noir, auquel il était redevable de ces victoires, les plus désastreuses qu'ait subies la France : elles furent vengées, dès 1370, par le sage roi de France, Charles V, qui n'employa que sept ans à se remettre en possession de tout le territoire français occupé par les Anglais; les Anglais prirent à la vérité leur revanche pendant la démence de Charles VI, et furent enfin repoussés par Charles VII, après avoir régné quelques années en France; depuis, leurs prétentions ne furent plus les mêmes, mais la rivalité subsista toujours.

CHATILLON
de Duchesne.

En 1298, il avait échangé le reste des possessions de ses pères en Poitou et Saintonge. Voici ce qu'en dit Duchesne : « Les chasteau et ville de Fontenay au pays de Saintonge, » appartenaient *en ce temps* à Gaucher de Chastillon, » pour en accommoder Guy de Lusignan, seigneur de Cohec » et de Peyrac, il les lui transporta, par eschange, au lieu des » ville et château de *Fère en Tardenois*, mouvans de la comté » de Braine : ce que le roi Philippes confirma, au mois de » may, l'an mil deux cent quatre-vingtz-dix-huit; et, de- » puis, la maison de Chastillon posséda toujours ce lieu de » *Fère*, jusques à l'achapt qu'en fist Louis de France, duc » d'Orléans. »

Voici le texte de l'acte traduit au plus près du latin : « A » tous ceux qui ces présentes lettres verront : Guy de la » Marche, chevalier, seigneur de Cochet (*Couhé*), du dio- » cèse de Poitiers, et Gaucher de Chastillon (*Castellionis*), » au comté de Champagne, chevalier, salut..... Sachent » tous..... que nous, lesdits Guy et Gauchier, nous sommes » réciproquement échangé, et en nom d'échange concédé » spontanément, à droit perpétuel, irrévocablement, pour » nous, nos héritiers et successeurs, savoir : nous Guy, au- » dit sieur Gaucher, notre château avec la ville (*villa*) vul- » gairement appelée *Fère en Tardenois*, du diocèse de Sois- » sons, et la châtellenie dudit château, ainsi que les villages » et paroisses, ensemble tous droits et appartenances, mère » et mixte impère, ou soit haute et basse justice, et toute » sorte de jurisdiction; et de ce investissons ledit seigneur » Gauchier, sans en retenir aucune chose. — Et nous ledit » Gauchier avons audit seigneur Guy échangé, donné et con- » cédé, comme encore nous concédons pour lui, ses héritiers » et tous successeurs, *pour quatre cent cinquante livres de* » *rente*, le château et ville de Fontenay, au diocèse de Saintes, » et toute la châtellerie de son château, avec les villages, » paroisses et tous droits et appartenances, mère et mixte im- » père, ou haute et basse justice, et toute sorte de jurisdic- » tion; *en outre, sept cent et vingt livres de rente en* » *deniers, que nous assignons et assoyons audit seigneur* » *Guy, à perpétuité, sur le grand fief d'Aunis.* Fait et » donné, au mois d'avril, l'an du Seigneur mil deux cent » quatre-vingt-dix-huit. « Ledit acte d'échange confirmé » par Philippe, par la grâce de Dieu, roi des Français, à » Paris, l'an du Seigneur 1298, au mois de mai. »

« Copie en forme d'un vidimé original délivré par Geof- » froy P., garde du scel du seigneur roi de France, en la » sénéchaussée de Poitiers, à Poitiers, le dimanche après la » purification de la B. V. Marie, l'an du Seigneur 1298. »

BLOIS ÉPARS.

MARCONNAY.

nier puisse rien exiger au-delà, après lui. Les té-moins, outre Gelduin de Blois, furent G. P. et Jean Bursard, Menard Correil, tous chevaliers; Hugues de Guinegué; Hugues Cicogne (ou Si-gogne, localité près de Sauves et de Marconnay), et autres.

lequel en investit l'abbé, à la charge par ce dernier de payer annuellement audit Re-naud la somme de 10 sous de monnaie courante de cens; et à Guillaume de Saint-Pol (vraisemblablement puîné de la branche de Châtillon, dite de Saint-Pol), 5 sous de cens; l'acte fut scellé des sceaux du sénéchal de Poitou, et de celui de Renaud de Marconnay. (Sceaux perdus.)

N. B. On verra, par un acte d'échange, du mois d'avril 1298, que la maison de Châtillon de Champagne possédait également beaucoup de terres et de seigneuries dans ces contrées, limitrophes des possessions de celle de Marconnay.

(Mars 1277.) RENAUD DE MARCONNAY, valet, seigneur du château et fief de Lu-çon (Bas-Poitou), de Saleignes (près Châtellerault), qui était viguerie, vers 963, et de Boisnadan; héritier de Philippe de Marconnay, valet, et de Marguerite, femme dudit Philippe, fut con-damné par défaut, selon jugement du sénéchal de Poitou et de sa cour, en date du mardi après la fête de saint Jacques et saint Christophe 1277, à payer, annuellement, à un nommé Aimery, dit *le Vieux*, chanoine du chapitre de Saint-Hilaire de Poitiers, une rente de 10 liv. tournois, qu'avait léguée Marguerite (ci-dessus rela-tée), à Pierre, aussi dit *le Vieux*, chanoine de Saint-Hilaire, oncle dudit Aimery. — Cette rente était assise : 1º sur la terre de Saleignes, paroisse de Neintré, près Châtellerault; 2º sur des maisons à Luçon; 3º sur des hé-ritages situés à Boisnadan, près Luçon. Intervinrent audit jugement Renaud de Châtellerault, valet; Herbert de la Chapelle, sénéchal de Poitou; Jean de Flayve; Jean de Fonfrède, et autres : l'acte fut scellé du sceau dudit sénéchal.

(Mardi après la Toussaint, 1286.) Monseigneur GEOFFROY DE MARCONNAY, Chevalier, ainsi qualifié dans un acte du mardi après la Toussaint, 1286, fit acquisition à cette époque de droits de cens et de rentes de Colin Duclos et d'Hilaire sa femme, lesquels étaient perçus à Lugny, paroisse de Sauves, et territoire environnant; et que lesdits Colin et Hilaire tenaient sous certains devoirs et certaines coutumes; 1º de Brient Chabot, chevalier; 2º de Guy de Rochefort, chevalier; 3º de Guillaume de Cloistres, valet; 4º de Thibaud Grimaut, chevalier; 5º de Jean de Lugny; 6º de Jean Desforges, valet, etc. La vente eut lieu moyennant 50 liv. tournois de la mon-naie courante. L'acte fut passé à Loudun et scellé du sceau de ladite cour.

(Mercredi après les Rois, 1287.) Monseigneur GEOFFROY DE MARCONNAY, chevalier, seigneur dudit lieu, et du fief de la Costure-Peyroteau, fit acquisition, le mercredi après les Rois 1287, de Guillaume Ascelin (du lieu de Marconnay) et de Péronnelle sa femme, de diverses rentes, cens, dîmes et autres redevances annuelles, assises sur des héritages situés à la Costure-Peyroteau, joignant la terre de ce chevalier, et celle de Jean de Mar-connay, valet. L'acte fut passé à Mirebeau, et scellé du sceau de ladite cour.

(1287.) JEAN DE MARCONNAY, valet, mentionné dans le titre précédent est évidemment le même que celui qui, d'après le travail de M. Chérin, commence la filiation vers 1326; filiation qui, par conséquent, est à dater de 1287 au lieu de 1326.

(1292.) GUILLAUME DE MARCONNAY, chevalier, seigneur de Mornay, verger de Marconnay, Châteauneuf et autres lieux, fit son testament en 1292, et y annexa depuis un codicile, par lequel il déclare faire plusieurs dons et legs, entre autres, à la sœur de Guillaume de Coudre, 50 sous; aux héritiers de Geoffroy Barreau, 12 liv. tournois de monnaie courante; à Aimery de la Roche (1), *frère* dudit testateur, 50 sous; à Guy de la

(1) Aimery de Marconnay, surnommé *de la Roche*, est dit ici frère de Guillaume de Marconnay.
Bernard de la Roche, valet, fils de Guillaume de la Roche, chevalier, seigneur de Machegos, vendit, en août 1250, au comte de Poitiers son droit au grand fief d'Aunis, c'est à savoir au tiers de Taunay-Boutonne. (Voy. art. Gaucher de Châtillon, pour l'échange fait, en 1298, entre ce dernier et Guy de la Marche.)

CHATILLON
de Duchesne.

Il suffit de comparer cette pièce avec l'extrait de Duchesne et les colonnes de Chastillon et de Marconnay, pour savoir à quoi s'en tenir sur le soin que met partout Duchesne pour échapper aux justes prétentions de MM. de Marconnay, déjà suffisamment démontrées dans les deux premières parties de ce Mémoire.

De Gaucher V de Chastillon, et d'Isabeau de Dreux, vinrent : 1º Gaucher VI (IIᵉ des comtes de Poicean), dont la lignée directe s'éteignit, le 25 août 1325, en la personne de Gaucher VII (IIIᵉ comte de Porcean), son fils aîné, et dont la lignée collatérale fit les branches : 1ʳᵉ, du Tour, depuis comtes de Porcean, tombée en quenouille en la personne de Marguerite de Chastillon, femme de Guillaume de Fayel, vicomte de Breteuil, mort vers 1408, laissant d'elle postérité, qui succéda aux biens de cette héritière. 2ᵐᵉ, des seigneurs de Dampierre, Rollaincourt et Beauval, tombée en quenouille ès personnes, 1º de Marguerite, qui, en 1493, plaidait avec Philippe de Lannoy, chevalier, seigneur de Willerval, son mari, dont la postérité a hérité des principaux biens de cette branche; 2º de Barbe, sœur de Marguerite, mariée, en 1479, à Jean de Soissons, seigneur de Moreul et Mareuil, prince de Poix, etc., à qui elle porta la seigneurie de Beauval, que Jossine de Soissons, leur fille unique, porta, avec ses biens paternels, dans la maison de Crequi-Canaples.

2º Jean de Chastillon, deuxième fils de Gaucher V de Chastillon, et d'Isabeau de Dreux, fut seigneur de Chastillon, de Gandelus, de Troissy, de Marigny, etc., et gratifié par le roi des offices de grand-queux et de grand-maître de France. De lui et d'Aliénor de Roye, dame de la Ferté en Ponthieu, qu'il avait épousée vers 1315, vinrent quatre fils, dont l'aîné, Gaucher VI, seigneur de Chastillon et de la Ferté en Ponthieu, épousa Alemande de Flotte-Revel, fille du chancelier de France, dont un arrière-petit-fils, Charles de Chastillon, seigneur de Chastillon, Sourvilliers, Bouville et Farcheville, la Grève, Moncontour, Chantemerle, Marnes, etc., fit la branche des Chastillon, barons d'Argenton, par son mariage conclu à Saumur, le 6 mars 1445, avec Catherine Chabot, fille de Thibaud Chabot, chevalier, seigneur de la Grève et autres terres ci-dessus, et de Brunissend, depuis héritière d'Argenton, dont la baronie et neuf châtellenies, auxquelles succédèrent les enfans nés dudit mariage. De l'un de ces enfans, Jean III, marié, 1º avec Jeanne de Rochechouart-Mortemart, 2º avec Loyse de la Tousche, veuve du seigneur de La Rambaudière : la première fut bisaïeule de messire Gilles de Chastillon, chevalier, conseiller du roi en ses conseils d'Etat et privé, gentilhomme ordinaire de sa chambre, à qui est dédiée l'*Histoire de sa maison*, par *Duchesne*, et de qui descend, au sixième ou septième degré, madame la duchesse d'Uzès.

MARCONNAY.

Roche, fils d'Aimery, 30 sous; à Pierre de la Roche et à sa femme, autre fils dudit Aimery, 3 septiers de froment, etc. Guillaume déclara vouloir partager tous ses biens entre Adelaïde (*fortè* de la Roche) sa femme, Abbonnin, Aimery et Guillaume, ses trois fils, et Eustachie sa fille. Il légua la terrre de Mornay à Aimery, son second fils; à Guillaume, son troisième, l'hébergement que délaisserait Abbonnin, son aîné, lorsqu'après la mort de sa mère, il aurait fait choix d'une autre habitation, occupée par elle ou par lui-même. Il assigna pour dot à Eustachie, sa fille, pour toute sa part de l'héritage paternel, 30 liv. une fois payées, si elle venait à se marier, et 20 liv. tournois de rente. Ces dispositions testamentaires furent revêtues de son sceau, qui n'existe plus, et de celui de Geoffroy, garde-scel de la cour de Mirebeau, pour le roi, le vendredi de la fête de saint Michel, 1292.

(1292.) ABBONNIN DE MARCONNAY, valet, seigneur de Châteauneuf, fils du précédent et d'Adelaïde de la Roche, épousa Brisce.

(1292.) AIMERY DE MARCONNAY, deuxième fils de Guillaume et d'Adelaïde, eut en partage la terre de Mornay.

(1292.) GUILLAUME DE MARCONNAY, troisième fils de Guillaume et d'Adelaïde, eut en partage la terre du verger de Marconnay. Il était mort avant 1362, car il est relaté comme tel dans un titre de cette année, où on lui donne la qualité de chevalier et de seigneur du verger de Marconnay.

(1292.) EUSTACHIE DE MARCONNAY, fille de Guillaume et d'Adelaïde, épousa vraisemblablement André de Piqueny (*aliàs* Péquigny).

(1293 jeudi après les rois.) RENAUD DE MARCONNAY, valet, seigneur de la Mayre, de Jaunay et de Taunay-Boutonne, fils de monseigneur Gui de Marconnay, chevalier, avait épousé, avant 1293, Eschive de Chabot, fille de monseigneur Pierre de Chabot : c'est en qualité d'époux de la dite Eschive, qu'il fit un accord, le jeudi après les rois 1293, avec madame Auziré, veuve de monseigneur Guillaume de Vender, jadis chevalier, pour le partage de la succession de monseigneur Geoffroi de Chabot, jadis chevalier (probablement oncle d'Eschive, et frère de Pierre). En vertu de cet accord fait, par l'intermédiaire des exécuteurs testamentaires nommés par Geoffroy, Guillaume de Villers, le gardien des frères mineurs de Saint-Maixent, et Hugues de Burle, chevalier, Renaud de Marconnay eut pour lot la terre considérable de Taunay-Boutonne, celles de la Mayre et de Jaunay, plus les deux tiers de tous les autres biens du dit chevalier défunt; madame Auziré eut le tiers des autres biens existans, à charge de foi et hommage à rendre audit Renaud, et en outre le tiers de tout ce qui pourrait écheoir par la suite à la succession du dit Geoffroi de Chabot entre autres celle de monseigneur Arbert de Cornes chevalier. Cet accord fut ratifié par monseigneur Guy de Marconnay, chevalier, père dudit Renaud et par les parties contractantes, en présence des exécuteurs testamentaires ci-dessus nommés et de monseigneur Renaud de Burle, chevalier, et autres. L'acte fut passé sous le sceau de Saint-Maixent, en Poitou.

(1293) POITEVIN DE MARCONNAY est mentionné dans un état des legs faits, en 1293, par Jeanne de Châtillon, dame d'Avesnes, comtesse de Blois.

Résumé.

Ici se borne l'exposé du travail long et pénible qu'a exigé la nécessité d'opposer des certitudes à des assertions toujours vagues et très-souvent gratuites, pour rétablir sur ses bases, à la fois antiques et splendides, l'illustre maison que, pour brillanter son début dans la carrière généalogique, André Duchesne se permit de choisir et d'asseoir sur un piédestal fantastique. Ce travail n'a sans doute point encore acquis le degré de perfection dont il est susceptible; mais *il a le mérite d'être vrai et entièrement fondé en assertions dont il n'est aucune qui ne soit émanée de témoignages irrécusables,* que, pour abréger, on n'a point cités, mais qu'au besoin l'on s'engage à produire.

Elle était hérissée de difficultés, l'entreprise de traverser l'obscurité des siècles qui, de près, ont devancé et suivi les commencemens de la dynastie régnante en France; d'y chercher les vestiges des maisons de *Blois,* de *Chastillon* et de *Marconnay,* parmi les innombrables ruines entassées par les guerres interminables de Robert-le-Fort et de ses descendans; des Angevins et des Aquitains; entre les Plantegenets à la fois comtes d'Anjou et rois d'Angleterre; le roi de France, les comtes de Blois et de Champagne; par les Anglo-Français jusqu'à leur entière expulsion du sol-français; guerres dont les pays occupés par ces trois maisons ne pouvaient qu'être le théâtre par leur situation mitoyenne entre les parties belligérantes; guerres, enfin, auxquelles ont succédé celles de la Ligue, et les ravages du vandalisme révolutionnaire dont, à la honte des lettres, des amis de l'histoire et des autorités, le plan désastreux s'accomplit, chaque jour, par le déplorable état des dépôts, où se perdent progressivement, à force d'insouciance, les restes de plus en plus précieux de documens ravis aux bûchers de l'obscurantisme par un saint zèle qui sera trop tard apprécié. Combien de retards n'a-t-il pas dû résulter du tâtonnement de ces recherches, de leur nature, de leur divergence, de leur dissémination à diverses distances, de leurs sinuosités, de quantité d'autres obstacles, qu'aurait prévenus madame la duchesse d'Uzès, si, rendant plus de justice aux nobles intentions de MM. de Marconnay, elle leur avait permis l'accès des archives de sa maison!

L'oubli presque absolu, et l'oblitération presque totale du peu de documens qui restent des usages, des *coutumes non écrites*, des lois enfin qui, avant le XIII° siècle, régissaient si différemment le mélange confus des nations diverses répandues en France, et souvent confondues dans une même contrée plus ou moins considérable, a exclu la ressource des conséquences avantageuses qui auraient pu résulter de connaissances plus étendues sur cette matière.

Il a fallu se réduire à ce qui est dit dans la première partie de ce mémoire relativement à ces prémisses; à l'ancienne organisation civile et militaire de la France en général; et à l'usage funeste des familles, lors de l'adoption des dénominations patronymiques, de se distinguer, nonseulement entre elles et leurs homonymes, mais encore entre leurs agnats, branches et rameaux, par des noms divers qui, les ayant bientôt rendus méconnaissables les uns aux autres, les induisirent, un siècle plus tard, à se rattacher peu à peu, en ordre hiérarchique et chronologique, c'est-à-dire progressivement, et des sommités sociales aux moindres écuyers, par les armoiries génériques, qui remplacèrent les symboles individuels et arbitraires dont auparavant étaient ornés leurs écus; mesure que néanmoins les puînés troublèrent encore souvent, pendant le siècle suivant, par un retour à l'ancien usage, inspiré par le désir de faire souche, ou par la reconnaissance, en substituant à leur nom où à leur écu générique, ou même à l'un et à l'autre, ceux de la principale de leurs possessions, de leur mère, de leur femme, d'un bienfaiteur, d'un rémunérateur.

Il a fallu se résoudre à explorer méthodiquement l'histoire, les archives, les dépôts de chartes, les cabinets particuliers, une très-grande quantité de titres tant originaux que vidimés en forme, d'auteurs contemporains de chaque siècle et modernes, tant manuscrits qu'imprimés.

L'histoire, puisée aux meilleures sources, a ouvert les voies, établi les rapports entre les princes et les feudataires, indiqué leurs intérêts, présenté le tableau des vicissitudes de la fortune des uns et des autres, même celles des contrées par eux régies ou habitées, expliqué la rareté des documens et fourni à la confirmation, à l'extension de chaque colonne des trois maisons, objets de ce mémoire. Celle de *la maison de Chastillon, par A. Duchesne,* a surtout offert une foule d'aveux aussi précieux qu'ingénus; beaucoup de concessions; plusieurs révélations et renseignemens utiles, particulièrement enfin, les inductions résultant de l'heureux et unique expédient, -trouvé par ce génie créateur, de mettre *un texte à l'aise en élaguant un tiers de la preuve*, comme il s'est permis de le faire, en supprimant, des pièces justificatives de son ouvrage, celles des IX°, X°, XI° et XII° livres, c'est-à-dire des plus anciennes branches de la maison de Chastillon aux armes de Blois.

Les archives du royaume et la bibliothèque du roi ont fourni plusieurs extraits de chartes inexpugnables, concernant les maisons de *Blois-Marconnay,* et quelques sceaux qui achèvent d'en démontrer la parfaite similitude, ainsi qu'avec la maison de *Chastillon,* qui est suffisamment garantie par le présent travail et même par celui de Duchesne.

Lés recherches en province ont procuré quantité de titres et de documens en forme, employés, ainsi que les extraits précédens, parmi les colonnes auxquelles ils se réfèrent.

Les cabinets particuliers ont souvent éclairci des doutes.

La preuve pour les honneurs de la cour, faite par M. Chérin, donne force de chose jugée par le juge compétent et capable, à la généalogie qui s'y trouve de MM. de Marconnay, remontée jusqu'à 1326, et dont, au surplus, les titres subsistent.

M. le comte de Marconnay a suscité enfin jusqu'aux mânes de ses aïeux, et, du fond des tombeaux, ils ont répondu à ce pieux appel par l'exhibition d'un grand nombre de pierres tumulaires, dont la forme, les caractères et l'écu attestent les dates des XIII° et XIV° siècles.

Telles sont les sources où l'on a puisé.

Du travail il résulte :

I° Qu'il existe une identité d'origine bien constatée entre les maisons de *Blois*, de *Chastillon* et de *Marconnay*; que cette identité est fondée :

1° Sur l'identité parfaite d'armoiries, à des dates où l'usurpation était impossible et ne fut jamais présumée; sur l'emploi du lambel, caractéristique de la puînesse, par les uns; sur celui des meubles (*brisures*), caractéristiques des cadets, par les autres; placés, ainsi que le lambel, sur le chef seulement, en témoignage sans doute de leur vénération pour le surplus de l'écu, sauf néanmoins les comtes de Champagne, issus de la maison de Blois, et leurs branches, le duc de Bretagne et ses descendans, et les deux derniers comtes de Blois, également issus de la maison de Chastillon, lesquels prenaient les armoiries de leurs états.

2° Sur ce qu'avant la publication de l'*Histoire de la maison de Chastillon*, il n'existait aucun doute sur cette identité, ni sur l'issue commune des Chastillon et des Marconnay de la maison de *Blois*, que les uns faisaient descendre de Gerlon, chef d'une colonie danoise, et d'autres, appuyés de documens plus certains, d'un comte Regnier, qui pourra bien un jour être mis à sa place.

3° Sur le rang distingué que chacune de ces maisons n'a pas cessé d'occuper dans les cours de leurs souverains respectifs.

4° Sur l'ancienne promiscuité des propriétés de ces trois maisons, dans les contrées jadis dominées par leurs aïeux plus ou moins antiques; propriétés très-nombreuses et échelonnées de proche en proche, la plupart très-importantes, et possédées, quelques-unes par indivis, telles que celles de Luçon, du grand fief d'Aunis, entre les Chastillon et les Marconnay, et celle de Sauves plus particulièrement encore.

5° Sur ce qu'au vu et su des Chastillon, comtes de Blois et de leurs prédécesseurs, de Charles de Blois (de Blois-Chastillon), duc de Bretagne et de ses descendans, comte de Penthièvre et vicomtes de Limoges; des Chastillon, barons d'Argenton, aïeux directs de madame la duchesse d'Uzès, enfin de toute la noblesse du Poitou et pays limitrophes, d'une noblesse très-jalouse de ses prérogatives dès le XIV° siècle (comme nous en avons donné un exemple dans la violente

9

querelle des Surgères et des De Granges, pour l'identité, d'ailleurs justement prétendue, de leurs armoiries), MM. de Marconnay ont exposé, sans la plus légère contradiction, dans leurs églises, sur leurs poteaux juridictionnels, sur leurs pannonceaux, sur leurs bannières, sur leurs tombeaux et sceaux, non-seulement les armes, mais encore le cimier et surtout le précieux cri de guerre : « *Chastillon !* »

6° Sur ce que, plus la maison Marconnay s'approche de la nuit des temps, et plus elle s'élève vers les sommités nobiliaires ; elle ne fléchit qu'aux époques où des temps calamiteux ont atténué la plupart des splendeurs.

7° Sur l'importance et la pureté de ses alliances qui, la plupart, sont communes avec celles de la maison de Chastillon, même d'Argenton.

8° Sur l'impossibilité où est madame la duchesse d'opposer aux prétentions de la maison de Marconnay rien de positif.

9° Sur la déloyale affectation, ici bien prouvée, de Duchesne, à écarter minutieusement de son ouvrage le nom de Marconnay, dans son texte, dans ses preuves, même dans sa nomenclature des maisons portant mêmes armes que celle de Chastillon, tout en se permettant d'y glisser une foule d'autres, un roturier et jusqu'à deux bâtards : certes, il serait bien permis d'être curieux des puissans motifs d'une partialité aussi révoltante.

II. Que de ces propositions découle le dilemme suivant :

Ou madame la duchesse s'en tient à l'avis de Duchesne, à l'origine champenoise qu'il lui a donnée : dans ce cas, elle perd huit degrés, au moins deux siècles d'antiquité, de l'aveu même de cet auteur ;

Ou elle se rallie aux Chastillon de Touraine, d'Anjou et des Marches du Poitou, ses véritables auteurs, chez lesquels seulement elle peut recouvrer ses armoiries : et dans ce cas, son origine et celle de la maison de Marconnay sont communes, plus brillantes et plus faciles à déduire, au moyen de communications réciproques et de l'unité d'intérêt.

Madame la duchesse est priée d'observer que toute cette discussion ne porte que sur l'ouvrage de Duchesne, que c'est de lui seul qu'elle est fondée à se plaindre, et non de MM. de Marconnay, qui n'ont jamais cessé d'avoir pour elle et sa maison des sentimens de respect et de dévoûment bien opposés à l'intention de lui donner le moindre désagrément.

Afin d'édifier d'autant plus madame la duchesse d'Uzès, de mettre en évidence la mauvaise foi du silence de Duchesne sur la maison de Marconnay, et de justifier envers la noblesse des prétentions ici exposées, il a paru convenable d'ajouter une notice de différens accessoires dont la forme de ce mémoire repoussait la prolixité.

EMPLOIS ET RANG A LA COUR DE LA MAISON DE MARCONNAY,

DE 1387 A 1581.

Pour les temps qui précèdent ce Mémoire.

———◦———

1387. JEAN DE MARCONNAY, seigneur de Coulombiers, conseiller-chambellan du roi Charles VI.

1401. JEAN DE MARCONNAY, dit de Coulombiers, maître-d'hôtel de Jean, duc de Berry et d'Auvergne.

1409. CHARLOT DE MARCONNAY, enfant d'honneur près le duc de Guienne et dauphin de Viennois, fils aîné du roi Charles.

1418. JEAN DE MARCONNAY, seigneur de Coulombiers, conseiller-chambellan des rois Charles VI et VII.

1477. PIERRE DE MARCONNAY, conseiller, maître-d'hôtel du roi Louis XI.

1479. PIERRE DE MARCONNAY, écuyer du roi Louis XI.

1484. PIERRE DE MARCONNAY, enfant d'honneur près le dauphin, depuis ro iCharles VIII.

1497. FRANÇOISE DE MARCONNAY, damoiselle de Thénie, damoiselle d'honneur de Louise de Savoye, duchesse d'Angoulême, mère du roi François Ier.

1516. PIERRE DE MARCONNAY, écuyer de la même duchesse d'Angoulême.

1530. HILAIRE DE MARCONNAY, damoiselle de la Berlandière, damoiselle d'honneur de la reine Eléonore d'Autriche, seconde épouse du roi François Ier.

1530. FRANÇOIS DE MARCONNAY, veneur du roi Charles VII.

——— PIERRE DE MARCONNAY, seigneur des Bruyères, Ecuyer des princesses Marguerite et Madeleine de France, filles du roi François Ier.

1536. PIERRE DE MARCONNAY, seigneur des Bruyères, maître-d'hôtel de la princesse Marguerite de France et de madame la dauphine.

——— CHARLES DE MARCONNAY, seigneur de Montaré, échanson des mêmes princesses.

1540. JEAN DE MARCONNAY, seigneur de Montaré, échanson du roi François Ier.

1542. JEAN DE MARCONNAY, seigneur de Montaré, écuyer tranchant de Charles de France, duc d'Orléans, fils du roi François Ier.

1565. CHARLES DE MARCONNAY, seigneur de Frozes, conseiller-écuyer de la reine mère du roi.

1571. CATHERINE DE SOUS-MOULIN, dame de Marconnay et de Frozes, dame d'atour de la reine Élisabeth d'Autriche, épouse du roi Charles IX.

1575. PIERRE DE MARCONNAY, seigneur de Frozes, premier maître-d'hôtel de la reine Louise de Lorraine-Vaudemont, épouse du roi Henri III.

1571. PIERRE DE MARCONNAY, seigneur de la Barbelinière, premier maître-d'hôtel de ladite reine Élisabeth.

1571. PIERRE DE MARCONNAY, seigneur de Frozes, conseiller, premier maître-d'hôtel de la même reine.

1573. DIANNE DE MARCONNAY, fille de Pierre, damoiselle d'honneur de la princesse Marie Élisabeth de France, fille du roi Charles IX.

1579. GILBERTE DE MARCONNAY, dame de Montmorin, dame d'atour de la reine Louise de Lorraine-Vaudemont, épouse du roi Henri III.

1580. PIERRE DE MARCONNAY, seigneur de Frozes, premier maître-d'hôtel de la même reine.

ALLIANCES COMMUNES ET RELATIONS INTIMES

ENTRE

Les Maisons de Chastillon & de Marconnay.

CHASTILLON.	MARCONNAY.
1196. Saint-Pol, *alias*, Saint-Paul (de). Gaucher de Chastillon épousa Elisabeth de Saint-Pol. Une branche de la maison de Chastillon en retint le nom de Saint-Pol. Cette maison est la même que celle de Guillaume.	1273. Guillaume de Saint-Pol et Renaud de Marconnay sont mentionnés dans un titre de Luçon, ville dont la seigneurie paraît avoir été indivise entre eux, attendu qu'il est donné à Renaud de Marconnay 10 sols d'une compensation à eux due pour un acquêt de vassal; on est fondé à en induire une parenté prochaine, et peut-être un parage.
1250. Baucay. Alix de Chastillon, femme de Hugues de Baucay.	1309. Guillaume et Geoffroy de Marconnay, Hardouin de Beaucay, Guy d'Argenton, Guillaume de Messemé, Jean de Razilly, et Baudouin de Piqueny (Piquiny). Arrêt du Parlement commun entre eux, indicatif de proche parenté.

CHASTILLON.	MARCONNAY.
1343. Piqueny (Pequigny) (Jean de), époux de Catherine de Chastillon.	1350. André de Piqueny épousa N. de Marconnay.
Vers 1407. Forges (de). Isabeau de Châlons, dame de Basoches et de Vauserée (*Chastillon* selon A. Duchesne), mariée à Jean de Forges, chevalier.	1286. Jean de Forges, valet, redevancier de Geoffroy de Marconnay.
1407. Sanglier (Jean,) épousa Isabeau de Couhé, dame de Boisrogues, du Boismon et de Retourné.	1350. Guillaume Sanglier fait hommage à monseigneur Jean de Marconnay, chevalier, seigneur, à cause de sa terre de Senessay.
1438. Renée Sanglier, mariée à Claude de Chastillon.	Avant 1400. André Sanglier, fils de Hugues et de Marguerite de la Thomerie, fait hommage à monseigneur Jean de Marconnay, chevalier.
	1438. Guillaume Sanglier fait hommage, le 8 mai, à monseigneur Jean de Marconnay, chevalier à cause de sa terre de Senessay.
Avant 1400. Isabeau de Couhé ci-dessus, femme de Jean Sanglier.	Vers 1350. Philippe de Marconnay épouse Marguerite de Couhé.
1445. Charles de Chastillon, des seigneurs de Survilliers, épousa Catherine Chabot, fille de Thibaud, seigneur de la Grève, et de Brunissend d'Argenton (Blois).	1285. Eschive Chabot, des seigneurs de la Maurière, puînés des seigneurs de la Grève, femme de Renaud de Marconnay.
	Vers 1290. N... de Marconnay épousa N... d'Argenton (Blois).
Avant 1440. Simone de Plainvilliers, veuve, 1° en 1416, de Macé du Plessis, seigneur de la Chaize; 2° en 1440, de Pierre Chastillon, écuyer. (Voy. La Tousche.)	1344. Eblet du Plessis fait foi et hommage plein à Simon de Marconnay, chevalier à cause de Rose de Saint-Aubin, sa femme, fille de N... de Marconnay.
Vers 1450. Marie de la Tousche, femme de Mandé du Plessis, en Poitou, puînée de Richelieu.	1550. Charles, baron de Marconnay, épousa Jeanne Duplessis, dame de Sauves et de Primery.
1455. Charlotte du Plessis vivait, en 1455, avec Jean de Chastillon, son époux.	
1484. Rochechouart, Jean de Chastillon, chevalier, épousa Jeanne de Rochechouart.	1635. Alphonsine de Marconnay épousa Jean de Rochechouart, baron du Bâtiment.
1509. Jean de Chastillon, chevalier, seigneur d'Argenton. Louise de la Tousche, sa seconde femme, dame de la Rambaudière, etc., était nièce de Catherine de Marconnay.	1454. Catherine de Marconnay, dame de Martaizé, près Loudun, épousa en premières noces Pierre de la Tousche, seigneur de la Massardière. Voy. *Simone de Plainvilliers* (1416, 1440), pour Du Plessis en Vendomois, et

CHATILLONS.	MARCONNAY.
	Marie de la Tousche pour Du Plessis-Richelieu en Poitou, vers 1450.
1549. Renty. Jacques de Chastillon épousa Françoise de Renty.	1504. Louis de Marconnay, chevalier, épousa Antoinette d'Alloigny, fille d'Anne de Renty.
1581. Appelvoisin-Tiercelin. Claude de Chastillon, femme de messire Charles Tiercelin d'Appelvoisin de la Roche-du-Maine.	Vers 1600. N... de Marconnay, mariée à N... d'Appelvoisin-Tiercelin de la Roche-du-Maine ; seigneur de Candé, écuyer. *Nota,* Gautier Tiercelin souscrivit, à Sauves, une charte donative avec Gautier de Marconnay, en 1027.
1581. Louise de Chastillon fut mariée à Charles d'Apchon, fils de Gabriel, chevalier, et de Françoise de la Jaille.	Vers 1558. Jacques de Marconnay épousa Louise de la Jaille.
	1560. Françoise de la Jaille, dame de Marconnay, fit partage de biens avec René de la Jaille, son frère.
1590. Ravenel. Philiberte de Chastillon, femme de Robert de Ravenel, chevalier de l'ordre du Roi.	1639. Marie de Marconnay, mariée à Jacques de Ravenel, seigneur de la Béraudière.
1595. La Chastre. Charles de Chastillon épousa Magdelène de la Chastre, arrière-petite-fille de Françoise de Marconnay ci-contre.	1530. Joachim de la Chastre, seigneur de Nancé, capitaine des gardes-du-corps du roi, épousa Françoise Fouscher, fille d'Antoine, seigneur de Thenyes, gouverneur d'Amboise, et de Françoise de Marconnay.

Et bon nombre d'autres qu'il serait superflu de détailler. Qui ne sait que toute bonne maison appartient à toutes celles de sa province ; il suffira d'y ajouter celles dont il résulte des affinités plus ou moins prochaines en diverses contrées de la France, savoir :

Albon, Asnières, Aubigny, Balzac-d'Entragues, Barbezières, Beauvau, Boisragon, Brizay, Caraleu, Chamborant, Chasteignier, Chezelles, Choisy, Cluys, Convenant, Des Hées, Des Prez, l'Escure, Ferrières, Frottier, Gadagne, Gourgault, Hautemer, l'Hospital, d'Isle, Malemouche, Martel, Moléon, Menou, Monroy, Montmorin, Nuchezes, Ry, Razilly, Rechignevoisin, Refuge, Rochechouart, Rochefaton, Rogier, Salignac, Sommery, Suzannet, Valori, Vasselot, Vaudreuil, Vernon, Ville, etc., etc.

POSSESSIONS.

(Ne sont comprises celles dont il est fait mention en ce Mémoire.)

A.

Asnières, 1446.
Availlé, 1445.

B.

Barbelinière [la], 1466.
Beaulieu, 1674.
Beaurepaire, 1761.
Berlandière [la], 1539.
Bernasson, 1337.
Blanzay, 1665.
Bois-André, en Anjou, 1430.
Bois-de-la-Court; 1343.
Bourellière [la] (jadis la Borelle), près Mazeuil et Marconnay, 1294.
Bournezeaux, aux environs de Mirebeau, a donné ce nom à un puîné de Blois, 1506.
Breuil [le], 1489.

C.

Chacé, près Marnes et Montcontour, 1466.
Chaize [la], 1589.
Chamfleury, près Marconnay, 1462.
Chasle, en Mirebalais, vers 1405.
Chasteau, 1462.

Chasteau-Fromage, près Baignoux-lès-Poitiers, 1462.
Chasteauneuf-lès-Marconnay, paroisse de Senillé, 1301-1311.
Chastelleron, en Anjou, 1430.
Chêne [le] (par échange avec André de Piqueny, époux d'une fille de Guillaume de Marconnay), 1367.
Chêne-Maltonnière [le], 1736.
Cordes [les], 1445.
Coulombiers, 1445.

D.

Débutrée [la], 1708.
Deffends [les], près Sauves et Montcontour, 1504.
Dogay [le], 1223.

E.

Estivet (le Tivet), 1402.
Estivols [les], 1402.

F.

Fa [la], 1496.
Faye-la-Vineuse [territoire près], 1359.

Fontenay, en Touraine, près Chinon, 1708.
Frozes, 1570.

G.

Garine [la], près Partenay, Famoux et le Buignon, en Gastine, 1350.
Gastellinière [la], en Touraine, 1419.

J.

Jaulnay, 1293.

L.

Luçon, 1273.
Lugny, près Sauves, 1286.
Luzay, près Thouars, 1128.

M.

Marconnay (jadis Marchonnay), X⁰, XI⁰, XII⁰, — XVIII⁰ et XIX⁰ siècles, Chasteauneuf de Marconnay (Voy. Chasteauneuf *idem*). — Verger de Marconnay (Voy. le Verger *idem*). — Les Mées (jadis la Tour de Mées, du latin *metæ*, mètes, ou limites de Marconnay ou de la Marche), vers 1300. (Voy. Mées.)
Marconnay, paroisse de Senillé, 1529.
Martaizé, près Loudun, 1459.
Massardière [la], 1489.
Mayre [la], près Parthenay en Gastine, 1293.
Mazeuil, 1523, 1830.
Mées [les], vers 1300. (Voy. ce mot à la suite de Marconnay.)
Millière [la], 1621.
Mondevis, paroisse de Néomaye, 1629.
Montaré, en Bourbonnais, 1497.
Monteil, 1516.
Montet, 1459.
Monthélé, 1580.
Montigny, paroisse de Coulombiers, 1466.
Mornay, paroisse de Mazeuil, 1292, 1830.
Moulin-Neuf, près Marçonnay, 1345. — *Nota.* Châteauneuf, les Mées, Moulin-Neuf et le Verger ci-dessus, sont des démembremens de

N.

Marconnay, et vraisemblablement aussi le Marconnay de Senillé.
Neuilly-le-Noble, en Touraine, près la Haye-sur-Creuse, 1419, 1430.
Noizay-de-Saint-Jouin-lès-Marnes, 1769.

P.

Parnay, 1483.
Petit-Gros, 1489.
Peyroteau [la Couture de], près de Marconnay, 1287.
Pillouex ou Pouzeau, paroisse de Blustay, 1560.
Pilloure et la Parentière, paroisse de Chisé, 1516.
Pont-Arzay, 1466.
Pouençay ou Pouençy, 1504.
Pousac, 1667.
Pouzeoulx, en Mirebalais, 1516.
Primery, paroisse de Sauves, 1361.
Puy-du-Fou, 1789.
Puzeaux, paroisse de Senon, 1362.

R.

Reslière [la], 1736.
Roche [la], a donné ce nom à un puîné de Marconnay, en 1292.
Roche [la], 1349.
Roche-Boureau [la], *alias* Borrel, 1489.
Roche-de-Coulombiers [la], 1461.

S.

Saleignes (jadis Salaynes), en la paroisse de Neintré, près Chastellerault, était viguerie en 963-64. Le roi Philippe y avait, en 1281, des domaines.
Salvert, 1498.
Sauves (en partie), 1027, 1605.
Senécé, en Dandesigny et la chaussée de Renoué, près Mirebeau, 1422, 1438.
Serois, 1349.
Sigongne [la], près Sauves, 1523.
Sommelières, 1682.

T.

Tannoiré [la], près Mirebeau, Amberre et Va-
rennes, 1483.
Tillon, 1567.
Tonnay-Boutonne (mieux Taunay-Voultone),
en Saintonge, 1293.
Tousche [la], 1642.

V.

Vaille, 1551.

Vaon, près Marnes et Montcontour, 1466.
Varennes, près Mirebeau et Amberre, 1506.
Vauzelles, 1286.
Velours (grand et petit). paroisse de Marcon-
nay, 1459.
Verger [le] de Marconnay. (Voy. Marconnay,
idem.)
Vignes [les], 1349.
Ville, 1402.
Villiers, 1717, paroisse de Fontenay, près Mar-
connay.

On a cru devoir supprimer la nomenclature des fiefs, dont il est facile de concevoir l'immensité résultant des seigneuries mentionnées ici et parmi le Mémoire.

———————

QUELQUES personnes peut-être trouveront inconvenant qu'aux listes qui précèdent on n'ait
point ajouté celle des services militaires de la maison de *Marconnay*, qui n'est pas moins bien
partagée sous ce rapport, quoiqu'elle n'ait pu s'élever au degré de gloire où sont parvenus les
aînés de sa race, par la raison toute simple qu'à la guerre, comme en toutes choses, il ne suffit point
d'être doué des qualités nécessaires, mais qu'il faut encore les occasions propres à leur développement et ce concours fortuit de circonstances que l'on appelle du bonheur, pour atteindre à un
petit nombre de prix, enviés par une foule de preux. Il n'y a donc eu ni oubli ni négligence à
cet égard; mais seulement économie de temps, de recherches et de mots : celle du temps est
précieuse; comment concilier l'empressement si juste de MM. de *Marconnay* pour arriver au
terme de la preuve contradictoire de l'identité de leur origine avec les sires de *Chastillon* et les
anciens comtes de *Blois*, avec l'indéfinissable délai qu'aurait entraîné la recherche pénible des
documens qui seuls auraient permis d'articuler pareille liste? Comment les résoudre à se hasarder
dans ce nouveau dédale, quand ils en étaient détournés par l'inutilité actuelle de ce travail,
puisque le présent Mémoire n'a d'autre objet que la démonstration du droit qui leur est acquis de
prévenir l'extinction du nom glorieux et primitif des auteurs de leur branche, quel qu'en soit
l'ordre; puisque cet accessoire n'a rien de commun avec la filiation, ni même avec la position
sociale, suffisamment établie par les listes précédentes, mais seulement avec une Généalogie
complète, où les sujets ont encore à prouver l'accomplissement de leurs devoirs envers l'état;

10

puisqu'enfin, la plupart des articles de cette dernière liste se trouvent déjà employés dans ce Mémoire et dans ses pièces justificatives : en effet, ne trouve-t-on pas, dans le verbal de leur preuve pour les honneurs de la cour, dressé par M. Chérin, la plupart des sujets de chaque degré de la ligne directe, revêtus de leurs qualifications militaires et autres propres à les décorer, depuis la fin du XVIII⁵ siècle jusqu'au commencement du XIV⁵? Il n'y manque que les séries des collatéraux. Combien n'en est-il pas d'autres dans le grand nombre des pièces de leur production actuelle, depuis le XIV⁵ siècle jusqu'au X⁵? et cependant il y en manque beaucoup, et souvent par la nature ou la brièveté des actes : or, personne n'ignore combien sont rares ces derniers documens, soit à cause de leur vétusté, soit à cause des guerres tant intestines qu'extérieures, soit enfin à cause du peu d'intérêt que la noblesse a mis à leur conservation depuis que les preuves officielles ont pris pour *maximum* la fin du XIV⁵ siècle. Il n'est pas un historien du moyen âge de la monarchie qui ne sache ou ne doive savoir la réponse irréplicable que les lois et les usages de ces temps obscurs opposent à l'absence et au peu de suite de cette sorte de documens. Tout fief, originairement destiné à récompenser les services et en assurer la continuation, imposa, depuis, à son possesseur l'obligation de fournir, entre autres choses, pour un temps déterminé, un contingent, proportionné à l'importance de sa possession, en hommes armés, tant vassaux que sujets, que le principal feudataire devait, en cas de guerre, conduire, en personne, à jour certain, au lieu désigné pour rendez-vous de l'armée dont il devait faire partie, dans l'ordre de son rang et de ses moyens. Cet ordre de choses subit quelques modifications vers la fin du règne de Saint-Louis. Le roi, par une sage politique, et ses nobles, qui jusqu'alors avaient exclusivement joui des propriétés féodales, dans leur intérêt, concoururent à départir au tiers état la faculté de posséder fiefs, et de plus, celle d'y acquérir la noblesse à la *tierce foi.* On s'abstient d'aller plus avant sur le changement que la création du droit de *francs fiefs*, l'usage des anoblissemens, et l'institution des troupes et des armées permanentes apportèrent successivement au système féodal jusqu'au terme de sa décrépitude. Il suffit d'avoir établi péremptoirement que, du X⁵ siècle à la fin du XIII⁵, dans ce période du déficit presqu'absolu des témoignages de services militaires, c'est assez d'avoir possédé fiefs pour être admis, chacun à son rang, non-seulement parmi les braves qui sauvèrent leur pays, mais encore parmi les nobles de race. De là suit que la carrière militaire de MM. de *Marconnay* est parfaitement remplie, et que l'articulation des individus est tout ce qui pourra y ajouter quelqu'intérêt dans la Généalogie qu'ils se proposent de dresser en temps opportun.

ERRATA.

Pag. 3, lig. 17, que les lois, *lis.* que celle des lois. — *Ibid.* de qualification, *lis.* des qualifications. — *Ibid.* lig. 24, la qualification, *lis.* les qualifications.

Pag. 7, lig. 5, chose, *lis.* choses.

Pag. 8, lig. dernière *avant le mot arrêt*, substituez , à ,.

Pag. 10, lig. 34, Saintonge, *lis.* de Saintonge.

Pag. 21, lig. 26, col. Marconnay, et, *lis.* étaient.

Pag. 22, Gragnon, *lis.* Gragon.

Pag. 22, col. Blois (comtes de), lig. 44, *remplir cette ligne par le mot etc.*

Pag. 24, col. des Châtillon de Duchesne, lign. 9, après Manasses, *substituez au - un point.*

Pag. 25, col. Marconnay, dernière lig., Pierre Aimery, *lis.* Pierre, Aimery.

Pag. 28, col. Chastillon de Touraine, lig. 33, Limeschin, *lis.* li Meschin.

Pag. 29, col. Blois (comtes de), lig. 8, ; avant Thibaud III.

Pag. 30, col. Aquitaine, lig. 7, *effacez* de. — *Ibid.*, col. Anjou, lig. pénultième, les, *lis.* des.

Pag. 41, col. Blois épars, lig. 3, ouvrir la parenthèse.

Pag. 42, col. Chastil. de Tour., lig. 27, pour prier, *lis.* pour le prier.

Pag. 44, Noyers-l'Avouerie, *lis.* Noyers, l'avouerie.

Pag. 46, col. Chastillon de Touraine, lig. 31, *effacez* de.

Pag. 47, col. Blois (comtes de), lig. 2, le ... mars, *lis.* 17 mars. *Ibid.* col. Blois épars, lig. 7, le, *lis.* ce.

Pag. 48. col. Anjou, lig. 19, (25,000 l.), *effacez* l.

Pag. 49, col. Blois épars, lig. 28, ouvrez la parenthese.

Pag. 50, col. Anjou, lig. 7, *supprimez le premier* et.

Pag. 51, col. Blois épars, lig. 13, et *avant* marquise. — *Ibid.* lig. 21, , *au lieu de* ;.

Pag. 53, col. Champagne (comtes de), lig. 2, comte, *lis.* comtes. — *Ibid.* col. Blois épars, lig. 25, entre Geoffroi et Maurice *effacez* la ,. — *Ibid.* même col., lig. 41, 1149, *lis.* 1199.

Pag. 6, col Aquitaine et Anjou, lig. 5, Pembreck, *lis.* Pembrock. — *Ibid.* lig. 41, il fut *lis.* il y fut. — *Ibid.* col. Chastillon de Duchesne, lig. 7. Laurette, *ajoutez* de. — *Ibid.* lig. 22, livres, *lis.* livrées. — *Ibid.* lig. 23, 1256, *lis.* 1255. — *Ibid.* avant filles *placez* 5° 6°. — *Ibid.* lig. 27, Melle *lis.* Mello.

Pag. 58, col. Chastillon de Touraine, lig. 3 et 32, Fontenay, *lis.* Frontenay.

IMPRIMERIE DE POUSSIN, RUE DE LA TABLETTERIE, N° 9.

IMPRIMERIE DE POUSSIN, RUE DE LA TABLETTERIE, N° 9.

www.ingramcontent.com/pod-product-compliance
Lightning Source LLC
Chambersburg PA
CBHW070913280326
41934CB00008B/1711